社会工作实务丛书

● 西南石油大学研究生教材建设项目（19YJC23）资助 ●

高级社会工作实务

主　编 ■ 谭祖雪
副主编 ■ 邓拥军

四川大学出版社
SICHUAN UNIVERSITY PRESS

图书在版编目（CIP）数据

高级社会工作实务 / 谭祖雪主编． — 成都：四川大学出版社，2023.2（2025.3重印）
（社会工作实务丛书）
ISBN 978-7-5690-6025-6

Ⅰ．①高… Ⅱ．①谭… Ⅲ．①社会工作－中国 Ⅳ．①D632

中国国家版本馆CIP数据核字（2023）第029915号

书　　名：	高级社会工作实务
	Gaoji Shehui Gongzuo Shiwu
主　　编：	谭祖雪
丛 书 名：	社会工作实务丛书

丛书策划：徐丹红
选题策划：梁　平
责任编辑：梁　平
责任校对：杨　果
装帧设计：璞信文化
责任印制：王　炜

出版发行：四川大学出版社有限责任公司
　　　　　地址：成都市一环路南一段24号（610065）
　　　　　电话：（028）85408311（发行部）、85400276（总编室）
　　　　　电子邮箱：scupress@vip.163.com
　　　　　网址：https://press.scu.edu.cn
印前制作：四川胜翔数码印务设计有限公司
印刷装订：成都金龙印务有限责任公司

成品尺寸：185mm×260mm
印　　张：9
字　　数：218千字
版　　次：2023年2月　第1版
印　　次：2025年3月　第2次印刷
定　　价：39.00元

本社图书如有印装质量问题，请联系发行部调换

版权所有◆侵权必究

四川大学出版社
微信公众号

目 录

第一章 社会工作实务概述 …………………………………………………（1）
　第一节　社会工作实务的含义 ………………………………………（1）
　第二节　社会工作实务的目标及主要领域 …………………………（4）
　第三节　从事社会工作实务所必备的技能 …………………………（8）

第二章 社会工作实务模式 …………………………………………………（12）
　第一节　社会工作实务模式的含义与特点 …………………………（12）
　第二节　社会工作实务的通用过程模式 ……………………………（14）

第三章 个案社会工作 ………………………………………………………（20）
　第一节　个案社会工作概述 …………………………………………（20）
　第二节　个案社会工作的主要模式 …………………………………（23）
　第三节　个案社会工作的过程 ………………………………………（44）
　第四节　个案社会工作的常用技术 …………………………………（51）

第四章 小组社会工作 ………………………………………………………（56）
　第一节　小组社会工作概述 …………………………………………（56）
　第二节　小组社会工作的主要模式 …………………………………（58）
　第三节　小组社会工作的过程 ………………………………………（60）
　第四节　小组社会工作方案设计 ……………………………………（66）

第五章 社区社会工作 ………………………………………………………（80）
　第一节　社区社会工作概述 …………………………………………（80）
　第二节　社区社会工作的主要模式 …………………………………（84）
　第三节　社区社会工作的过程 ………………………………………（87）
　第四节　社区社会工作的技巧 ………………………………………（91）

第六章 社会服务项目 ………………………………………………………（93）
　第一节　社会服务项目概述 …………………………………………（93）
　第二节　社会服务项目的实施主体和资源 …………………………（95）
　第三节　社会服务项目运作的基本环节 ……………………………（97）
　第四节　社会服务项目的实施 ………………………………………（100）
　第五节　社会服务项目的监测与管理 ………………………………（116）

第七章 社会工作督导……………………………………………………（125）
　　第一节 社会工作督导概述……………………………………………（125）
　　第二节 社会工作督导的内容…………………………………………（127）
　　第三节 社会工作督导的形式…………………………………………（129）
参考文献……………………………………………………………………（135）
后　　记……………………………………………………………………（137）

第一章 社会工作实务概述

社会工作实务是本书的核心概念。本章对社会工作实务的概念进行了界定,阐释了社会工作实务的含义、目标及主要领域,厘清了从事社会工作实务所必须具备的技能,从而为后续内容的展开奠定了基础。

第一节 社会工作实务的含义

下文在对社会工作、实务概念的辨析以及比较、综合中国和美国关于社会工作实务定义的基础上,总结、界定了社会工作实务的概念及其特征。

一、社会工作与实务

"社会工作实务"的概念由两部分组成,"社会工作"是性质和前提,"实务"是具体活动和范围内容。因此,要了解"社会工作实务"概念就先要明确"社会工作"和"实务"各自的含义。

(一)社会工作

美国社会工作者协会(NASW)将社会工作界定为:社会工作是一项专业活动,它帮助个人、小组或社区提高或恢复其社会功能运作的能力,并创造有利于实现其目标的社会环境。

李迎生在《社会工作概论》中提出,社会工作是指社会工作者运用专业知识和方法帮助社会上处于不利地位的个人、群体、社区,克服困难、解决问题并预防问题发生,恢复、改善和发展其功能,以适应和进行正常的社会生活的服务活动。该定义强调社会工作对弱势群体的义务。

王思斌提出关于社会工作的一般性定义:社会工作是以利他主义为指导,以科学的知识为基础,运用科学的方法进行的助人服务活动。这一定义指出社会工作的本质是一种助人活动,其特征是提供服务。更确切一点说,社会工作是一种科学的助人服务活动,它不同于一般的行善活动。这个定义还指出,社会工作以受助人的需要为中心,并以科学的助人技巧为手段,以实现助人的有效性。由此可见,社会工作同怜悯、同不考虑受助人的现实需要及接受服务能力的配给式福利都不相同。可以说,社会工作是充分考虑到受助人的需要及其主体性，运用尽可能有效的方法，帮助受助人满足其需要、摆脱困境的活动和过程。

（二）实务

"实务"是相对于理论而言的，是社会工作概念、方法技术和工作技巧得以应用、专业服务得以开展的过程。美国《社会工作词典》对实务的定义是：实务是在社会工作价值观的指导下，运用社会工作的知识和技能提供社会服务。美国《社会工作百科全书》指出：社会工作实务是实现社会工作专业目标的主要手段。由此可见，专业服务活动和社会服务过程是社会工作实务概念的核心内容。

二、社会工作实务的概念与特点

社会工作实务的概念不是社会工作与实务概念的机械相加，而是有机结合。与其他实务活动不同，社会工作实务具有自身的特点。

（一）社会工作实务的概念

社会工作实务主要从两方面来界定。一方面是从社会工作研究和社会工作教育来讲，社会工作是专业社会工作者为了解决社会问题、帮助人们走出困境、提高个人适应社会的能力和社会福利而开展的各种具体的社会服务。另一方面社会工作实务的概念是相对于社会工作理论讲的，是将社会工作的理论、观念和价值转变为社会服务的具体社会工作操作，根据其工作对象和工作模式可以分为个案社会工作、团体社会工作/小组社会工作、社区社会工作四大类型。

1. 美国的社会工作实务定义

美国社会工作者协会将社会工作实务界定为：社会工作实务指专业性地运用社会工作价值、原则与技能以实现一个或多个目标——帮助人们获得实实在在的服务，为个人、家庭和小组提供咨询和心理治疗，帮助社区或集体提供或改善社会服务与卫生服务，参与相关的立法过程。美国《社会工作辞典》对社会工作实务的定义为：在社会工作价值的指导下，运用社会工作的知识和技能提供社会服务。社会工作实务包括治疗、恢复和预防，最重要的社会工作实务角色包括治疗师、管理者、呼吁者、经纪人、关爱者、个案管理员、传播者、顾问、数据管理员、评估员、组织动员者、外展服务者、计划者、保护者、研究者、社会活动家、督导教师以及公平的社会价值的支持者。

可见，现代西方的社会工作实务概念是宏观和广义的，指社会工作教育、研究和社会服务规划、立法、服务提供、行政管理和绩效评估等多种多样和不同层次的社会服务活动的总和，包括微观实务、中观实务和宏观实务，几乎涵盖人类社会生活与社会服务的所有领域，贯穿每个人的生命周期和社会发展全过程。

2. 我国对社会工作实务的界定

王思斌认为，社会工作实务是指社会工作者在科学理论的指导下，运用社会工作方法，在各个层面帮助服务对象的活动。这一定义突出了社会工作实务的服务活动特征。朱眉华等认为，社会工作实务是一种总括性的概念，它指的是将社会工作的价值理念、理论知识与技巧加以运用的过程，以及在运用过程中可能涉及的种种事务。社会工作实务可以发生在微观（个人）、中观（家庭、团体）以及宏观（组织、社区）三个不同的层次。库少雄认为，社会工作实务就是"做"社会工作，是运用专业价值、理论和方法为服务对象服务。

另外，从中央文件关于社会工作职业任务的界定中，也可窥见我国对社会工作实务的理解。2016年10月，民政部、中央综治办、教育部、公安部、司法部、财政部、人力资源和社会保障部、国家卫生计生委、全国总工会、共青团中央、全国妇联、中国残联联合印发了《关于加强社会工作专业岗位开发与人才激励保障的意见》（民发〔2016〕186号），提出社会工作职业任务主要包括：

（1）运用社会工作专业理念、方法与技能，提供帮困扶弱、情绪疏导、心理抚慰、精神关爱、行为矫治、社会康复、权益维护、危机干预、关系调适、矛盾化解、能力建设、资源链接、社会融入等方面的服务，帮助个人、家庭恢复和发展社会功能。

（2）帮助面临共同困境或需求的群体建立支持系统。

（3）培育社区社会组织、开展社区活动、参与社区协商、化解社区矛盾、促进社区发展。

（4）组织开展社会服务需求评估、方案设计、项目管理、绩效评价与行动研究。

（5）开展社会工作专业督导，帮助督导对象强化专业服务理念、提升专业服务能力、解决专业服务难题。

（6）协助做好志愿者招募、注册、培训与考核，引导和组织志愿者开展社会服务。

由此可见，我国实际和主流的社会工作实务概念并非包罗万象的宏观概念，而是特指具体的社会服务活动。

归纳中美两国关于社会工作实务的论述，可将社会工作实务的概念界定为：社会工作实务是在社会工作专业价值观指导下的助人知识、方法和技术组成的实务方法体系，是运用该方法体系开展专业助人服务的实践活动。

（二）社会工作实务的特点

基于社会工作实务的定义，社会工作实务具有实践性、综合性和功能性等特点。

1. 实践性

社会工作是以实践为本的专业，实务是社会工作的核心，社会工作实务主要表现为一系列的社会服务活动和行动。这里的社会服务活动，主要侧重具体服务领域内开展的具体服务活动；这里的社会服务行动，是把社会服务看作系列科学的实际活动过程，强调社会服务的践行过程。社会工作是通过社会服务实现的，没有社会服务活动和社会服务行动，就没有社会工作。尽管在这些活动和行动背后都有一定的理论支持，而且其中也可能包括社会工作者面对实际所开展的研究，但是社会工作的核心还是要通过行动来体现，用自己的行动去诱发、引导、推动服务对象处境的良性变化。尽管可以说没有科学的理论，就没有科学有效的社会工作，但是，如果没有实务，就不能称其为社会工作。

2. 综合性

巴特利特（Bartlett）在《"社会工作实务"的工作定义》一文中指出，从社会工作实务的构成来看，社会工作实务，像其他所有的专业实务一样，是价值观、目的、授权许可、知识和方法的一种聚合体。任何单独的某个部分并不能成为社会工作实务的特点，而且任何单独的某个部分也不是社会工作所独有的。恰恰是这种特定内容和特定组合的聚合体，既构成社会工作实务，又使社会工作实务截然不同于其他的专业实务……只有在所有的构成要素在某种程度同时具备之时，它才可以称为社会工作实务。从社会工作实务的开展来看，社会工作者要应对个人问题的广泛性、工作环境的多样性、提供服务范围的广阔性、服务对象的人口多元化等，就使得社会工作实务不能依靠单一的实务方法来开展和完成。社会工作实务是完整的原则、知识和方法体系综合作用的结果。更确切地说，社会工作者必须掌握一整套的知识技术，用它去满足个体或群体的独特需要，才能够开展社会工作实践。

3. 功能性

对遭受困难和不幸的人们提供帮助，为有需要的人们提供服务，是社会工作实务的基本特点。针对服务对象的恢复、为其提供资源和预防社会功能失调的功能是交织在一起、相互依存的。

（1）恢复。恢复受损的社会功能，可以进一步划分为治疗功能和康复功能。治疗是消除导致社会功能失调的因素，康复是重组和重建互动模式。

（2）提供资源。提供资源，既包括提供个人资源，也包括提供社会资源，目的是使服务对象获得更好的社会功能。它可以划分为发展性和教育性两种类型的资源提供方式。发展性资源提供方式是使现有的社会资源得到更有效的使用，或是使个人的能力得以充分发挥，以获得更佳的社会互动。教育性资源提供方式是让公众了解为什么需要提供新的社会资源，或改变社会资源的分配方式，以及这样做需要具备的前提条件。

（3）预防社会功能失调。该功能包括及早发现、控制和消除有可能防碍社会功能有效发挥的条件和情况。它可以分为两大类：一类是预防个人和群体互动中的问题；另一类是预防社会问题，一般用于社区组织工作领域。

第二节　社会工作实务的目标及主要领域

社会工作实务有其特定的目标。按照服务对象及其所处场境，社会工作实务可以划分为不同的领域。

一、社会工作实务的目标

（一）美国社会工作者协会对社会工作实务目标的界定

美国社会工作者协会对社会工作实务目标的界定从"环境中的人"的视角展开，主要体现在以下几方面。

1. 提高人们解决问题、应对环境和发展自己的能力

根据"环境中的人"的概念，社会工作在这个层面上的目标是关注"个人"。在关注"个人"的层面上，社会工作者的主要角色是"实现者"，主要功能包括咨询、教育、为那些不能自己解决问题和满足自身需要的服务对象提供支持性的服务，以及改变服务对象的某些行为。

2. 将人与为人们提供资源、服务和机会的系统联系起来

根据"环境中的人"的概念，社会工作在这个层面上的目标是关注人以及人与之相互作用的系统之间的关系。在关注"相互关系"的层面上，社会工作者的主要角色是"经纪人"。

3. 促进系统高效、人道地为人们提供服务

根据"环境中的人"的概念，社会工作在这个层面上的目标是关注与人相互作用的系统，在这个层面上，社会工作者的主要角色是"呼吁者"。此外，社会工作者还需要扮演的角色有：项目设计者，即努力开发或促进某些项目或技术以满足社会需求；督导者，即通过对工作人员的监督、管理，达到提高工作效率和成效的目的；协调人，即通过加强不同社会资源之间的交流和协作来提高服务水平；顾问，即为各类机构提供指导性的意见，提高其工作效率和成效。

4. 制（修）订社会政策

与第三个目标相似，社会工作在这个层面上的目标是关注与服务对象相互作用的系统。不同的是，第三个目标只利用现存的资源为人们提供服务，而这一目标关注的是这些资源背后的法律、政策。在这一层面上，社会工作者的主要角色是"计划者"和"政策制订者"。扮演这些角色的社会工作者试图制订和采用新的社会政策，并建议废除某些无效和不合适的政策。在这样的过程中，社会工作者可能扮演"呼吁者"的角色，在某些情况下，还可能扮演"行动者"的角色。

（二）我国对社会工作实务目标的界定

我国对社会工作实务目标的界定主要通过服务对象、社会以及文化等层面体现

出来。

1. 服务对象层面

从服务对象层面而言，社会工作实务的目标主要体现在解救危难、维护基本生存；缓解困难，帮助服务对象走出困境，恢复正常生活；通过助人自助，激发服务对象潜能；增强服务对象的社会功能，促进其发展等方面。社会工作者在其中主要扮演服务提供者、关系协调者、支持者、使能者等角色。

2. 社会层面

从社会层面而言，社会工作实务的目标主要体现在解决社会问题时，既要增强服务对象的能力，也要解决社会制度安排方面的问题；促进社会公正，创造条件满足服务对象正当性的要求，包括保证服务对象获得机会、过程和结果等方面的公正。社会工作者在其中主要扮演资源筹措者、政策影响者、倡导者等角色。

3. 文化层面

从文化层面而言，社会工作实务的目标主要体现在弘扬人道主义这一社会工作的价值基础和追求，以及通过关怀性社会环境的建构促进社会团结等方面。社会工作者在其中主要扮演倡导者、政策影响者、资源筹措者等角色。

二、社会工作实务的主要领域

按照服务对象以及服务场域，社会工作实务可以划分为不同的领域。在我国，目前社会工作实务的主要领域包括儿童社会工作、青少年社会工作、老年社会工作、妇女社会工作、残疾人社会工作、矫正社会工作、社会救助社会工作、家庭社会工作、学校社会工作、社区社会工作、医务社会工作、企业社会工作等。

（一）按照服务对象划分的社会工作实务的主要领域

按照服务对象，社会工作实务可以划分为儿童社会工作、青少年社会工作、老年社会工作、妇女社会工作、残疾人社会工作、矫正社会工作、社会救助社会工作等主要领域。

儿童社会工作是在儿童福利体系下，社会工作者根据儿童的生理、心理特点和成长、发展的需要，把社会工作的专业知识、方法和技巧应用到儿童的教育和照顾工作中，不仅救助和保护困境儿童，而且关心全体儿童，创造儿童友好环境，使他们健康地全面成长的社会服务活动[①]。

青少年社会工作是指在社会工作专业价值观的指导下，社会工作者根据青少年的生

---

① 全国社会工作者职业水平考试教材编委会：《社会工作实务（中级）》，中国社会出版社，2020年，第83页。

理心理特点、兴趣爱好、动机需求、家庭背景等情况，整合运用社会工作专业的理论、方法和技巧，帮助青少年解决面临的问题、恢复社会功能和获得全面发展的社会服务活动①。

老年社会工作就是整合社会老年学的理论与知识，以老年人及其周边的人和环境为对象，科学地运用社会工作的专业价值观、理论知识、方法技巧，以维持和改善老年人的社会功能，提高老年人生活和生命质量为宗旨的社会服务活动②。

妇女社会工作是针对妇女在自我成长过程中，在参与政治、经济、社会、文化和家庭生活过程中遇到的个体、群体和社会问题，依据社会工作的专业价值理念和方法开展的社会服务活动，其目的是为妇女的全面发展创造有利的社会条件和社会环境③。

残疾人社会工作是把社会工作理论、方法和技巧运用到残疾人工作中，针对残疾人康复、教育、劳动、文化生活、社会福利以及环境友好等方面的需求，通过专业化的程序和技术，协助残疾人康复并发展他们的潜能，实现其全面融入社会生活、获得更好发展的社会服务活动④。

矫正社会工作是运用社会工作的价值观和理念，将社会工作的专业理论和方法实施到司法矫正体系中，为犯罪者或具有犯罪倾向的严重违法人员，在审判、监禁、社区矫正、刑满释放期间，提供思想教育、心理辅导、行为纠正、信息咨询、就业培训、生活照顾以及社会环境改善等方面的服务，以帮助其自我了解、积极发挥潜能、改变行为模式，并重建符合社会规范的生活方式的专业福利服务⑤。

社会救助社会工作是社会工作者根据社会救助的性质与特点，以社会工作价值理念为指导，以社会工作专业理论为依据，采用社会工作专业方法与技巧，为生活困难的个人、家庭和群体等社会救助对象提供专业服务的过程⑥。

（二）按照服务场域划分的社会工作实务的主要领域

按照服务场域，社会工作实务可以划分为家庭社会工作、学校社会工作、社区社会工作、医务社会工作、企业社会工作等主要领域。

家庭社会工作是社会工作者运用社会工作的专业理论和方法，帮助家庭解决面临的困难，更好地发挥家庭的社会功能，以满足所有家庭成员的发展和情感需要的专业服务

---

① 全国社会工作者职业水平考试教材编委会：《社会工作实务（中级）》，中国社会出版社，2020年，第110页。
② 全国社会工作者职业水平考试教材编委会：《社会工作实务（中级）》，中国社会出版社，2020年，第150~151页。
③ 全国社会工作者职业水平考试教材编委会：《社会工作实务（中级）》，中国社会出版社，2020年，第176页。
④ 全国社会工作者职业水平考试教材编委会：《社会工作实务（中级）》，中国社会出版社，2020年，第206页。
⑤ 全国社会工作者职业水平考试教材编委会：《社会工作实务（中级）》，中国社会出版社，2020年，第227页。
⑥ 全国社会工作者职业水平考试教材编委会：《社会工作实务（中级）》，中国社会出版社，2020年，第280页。

活动①。

学校社会工作是社会工作者遵循社会工作价值理念，运用社会工作专业理论知识和方法，为在校的全体学生，特别是处境困难的学生提供的以促进实现学校教育宗旨、协助学生潜能开发、支持学生应对成长挑战并促进学生健康人格形成为目标的专业服务活动②。

社区社会工作是社会工作者秉持社会工作的价值理念，运用社会工作专业方法，以社区为平台，以统筹社区照顾、扩大社区参与、促进社区融合与社区发展、参与社区矫正和社区戒毒康复等为主要任务的专业服务活动③。

医务社会工作是社会工作者在健康照顾体系内，运用社会工作价值理念与专业方法，协助那些受到实际或潜在的疾病、残疾或伤害等影响的个人、家庭和群体，增强、促进、维护和恢复其社会功能的专业服务活动④。

企业社会工作是社会工作者运用社会工作的理念与方法，主要在企业内外从事员工的生产适应、环境协调、福利保障、职业生涯发展以及劳动关系协调等有关的服务及管理工作，其目的是在员工职业与福利发展的基础上促进企业和职工共同发展⑤。

值得一提的是，随着我国社会进入新的发展阶段，社会工作也从面向困难人群扩展到有需要人群、从关注社会问题到关注社会和谐发展，拓展了社会工作实务的新领域，如灾害社会工作、禁毒社会工作、金融社会工作等，这也为我国社会工作实务的发展开辟了更加广阔的前景。

第三节 从事社会工作实务所必备的技能

从事一定的职业总是需要特定的技能，社会工作也不例外。从事社会工作实务必须具备以下方面的技能。

一、阿曼多·莫拉莱斯（Armando Morales）和巴拉德福德·谢弗（Bradford Sheafor）提出的社会工作的通用技能

阿曼多·莫拉莱斯和巴拉德福德·谢弗提出，在社会工作的实务层面，大多数的社会工作者都存在人际协助以及发展专业能力两个方面的任务，并且从这两个方面界定了社会工作的通用技能。

---

① 全国社会工作者职业水平考试教材编委会：《社会工作实务（中级）》，中国社会出版社，2020年，第297页。
② 深圳市市场监督管理局：《学校社会工作服务指南》（DB4403/T 210—2021），2021年，第1页。
③ 中华人民共和国民政部：《社区社会工作服务指南》（MZ/T 071—2016），2016年，第1页。
④ 全国社会工作者职业水平考试教材编委会：《社会工作实务（初级）》，中国社会出版社，2020年，第284页。
⑤ 全国社会工作者职业水平考试教材编委会：《社会工作实务（中级）》，中国社会出版社，2020年，第389页。

（一）完成人际协助任务所需的技能

人际协助是所有社会工作者经常需要完成的任务。在助人过程中，社会工作者必须具备基本的助人技巧，例如面谈、提问、辅导等，来帮助个人或家庭等了解其所经历的问题以及帮助他们找出解决这些问题的方法。因此，需要具备的技能有：

（1）自我察觉和运用自身能力来帮助服务对象改变的能力。
（2）给予及接受帮助的心理学知识。
（3）建立专业的助人关系的能力。
（4）了解不同的种族和文化形态，具有从事种族、性别、年龄敏感性实务的能力。
（5）了解和运用《伦理守则》作为实务伦理指导。
（6）全面了解个人和家庭行为模式。
（7）收集服务对象资料的技能。
（8）分析服务对象信息以及鉴别实务情境中力量和问题的能力。
（9）提供咨询、解决问题、处理冲突的能力。
（10）引导改变过程的能力。

（二）完成专业技能发展任务所需的技能

社会工作专业发展包含两方面的含义：既要学习他人的实务经验，又可以通过分享自己的学习体会来丰富和充实专业知识。因此，专业技能发展所需的技能要求包括：

（1）内省和批判地评估自己实务工作的能力。
（2）运用咨询的能力。
（3）吸取和扩展专业知识的能力。

二、贝尔（Baer）提出的社会工作者必须具备的 10 种能力

贝尔提出社会工作者必须具备的 10 种能力：

（1）诊断服务对象与环境关系的能力。
（2）在诊断问题和探讨可行的工作目标的基础上，制订并实施改善人们生活计划的能力。
（3）提高人们解决问题、应对环境、发展自身的能力。
（4）把服务对象与为他们提供资源、服务和机会的系统联系起来的能力。
（5）为弱势群体和受歧视的群体提供有效服务的能力。
（6）促进服务机构提供人道的、有成效的服务的能力。
（7）消除不公正的社会系统，创造公正、负责的新式服务的能力。
（8）评估工作目标达成情况的能力。
（9）评估专业工作人员专业成长的能力。
（10）高举社会工作价值的大旗，为丰富专业基础知识，提高社会工作服务的质量作出贡献的能力。

三、巴拉德福德·谢弗提出的沟通和帮助技巧

巴拉德福德·谢弗提出了社会工作者需要具备的基本的沟通和帮助技巧，主要有以下三方面。

（一）建立有效的帮助关系

（1）人文关怀（human caring）：社会工作者必须真诚地关心服务对象，只有服务对象确信社会工作者真的关心他们，才会关注到社会工作者所知道的东西。

（2）信任（trust）：关系建立的基础。当服务对象信任社会工作者时，他们会相信社会工作者的诚信、能力以及品格。

（3）同理心（empathy）：指社会工作者感知服务对象内心想法和感受的能力。社会工作者可以通过运用积极倾听的技巧，表明自己了解服务对象的感觉和想法，以此表达同理心。

（4）无条件积极关注（unconditional positive regard）：无论服务对象可能做过什么事或在会谈中如何表现，社会工作者均视其为具有内在价值的人且不失尊重地对待他/她。

（5）非批判的态度（non-judgemental attitude）：为了促成服务对象积极改变，在专业关系中必须停止对服务对象进行道德判断。

（6）个人温情（personal warmth）：社会工作者要使服务对象感到安全和被接纳，可以通过非语言交流传达，例如微笑、柔和的声音、放松的姿势等。

（7）真诚、具体化、能力、客观性、结构化、专业性等。

（二）言语沟通技巧

（1）识别自我（identifying self）：对"你是谁"和"你在交谈中的角色与责任"进行准确描述。

（2）解释沟通的目的（explaining the purpose of the communication）：信息发送者要对沟通的原因进行说明。

（3）检查信息接受（checking for message reception）：通过提问和调查来确定信息是否被准确接受。

（三）非语言沟通技巧

（1）目光交流（eye contact）：主动进行目光交流，表明对谈话持开放的态度。

（2）问候的姿势（gestures of greeting）：对不同文化背景的人采取相应的问候姿势，比如，北美地区是紧握双手，亚洲便是鞠躬较多。

（3）个人空间（personal space）：在交流中保持一定的距离，传达出信任对方和对对方感兴趣。

（4）注意适当的身体位置（body positioning）、面部表情（facial expressions）以及适当的触碰（touch）和说话的语气（tone of voice）等。

四、我国关于社会工作实务能力的要求

人事部、民政局在《社会工作者职业水平评价暂行规定》（国人部发〔2006〕71号）中规定了我国社会工作者应具备的职业能力。以社会工作师为例，第十八条规定，社会工作师应具备以下职业能力：

（1）能够熟练运用社会工作业务相关的法律、法规、政策和行业管理规定，具备较丰富的社会工作专业经验。

（2）能够综合运用各种社会工作方法，为服务对象提供专业服务，处理各类复杂问题，并对所提供的专业服务质量与效果进行评估。

（3）能够指导助理社会工作师开展专业工作，帮助其提高专业工作水平和能力。

（4）能够制定科学合理的工作方案和发展规划，整合、运用相关社会服务资源，拓展服务领域，保证服务质量。

第二章　社会工作实务模式

社会工作实务模式为社会工作者提供了观察世界和处理社会问题的视角与方法，提供了社会工作者助人的理论基础、基本知识、技巧和程序。本章在讨论社会工作实务模式的含义与特点的基础上，重点介绍了为培养通才的实务工作者，采用综融的实务社会工作方法，能够为不同的服务对象提供服务，可以处理各种问题和挑战的一种社会工作实务模式——通用过程模式。

第一节　社会工作实务模式的含义与特点

社会工作实务模式是指社会工作服务中形成的相对固定的、结构性和系统性的服务活动样式，具有普适性、中介性、专业性、历史性、本土性等特点。

一、社会工作实务模式的含义

《现代汉语词典（第7版）》对"模式"的解释是，模式是某种事物的标准形式或使人可以照着做的标准样式。通常，模式是指以结构化形式对实务中发生的事情进行普遍性的描述。

社会工作实务模式是个充满歧义的核心概念，是理解社会工作实务的基础。林万亿认为，社会工作模式是指在社会工作理论的支持下，对一系列案例用组织化、结构化的方式进行描述。朱眉华、文军提出，所谓社会工作模式，指的是在社会工作实务开展过程中逐渐形成的普遍性工作方法。社会工作实务模式是对社会工作实务运作过程中的重要变项以及它们之间的相互关系进行的描述和总结，具有结构性、广泛性和一般性的相对固定并且具有普适性的工作程序，是在社会工作实务开展过程中逐渐形成的普遍性的工作方法[①]。

由此可见，社会工作实务模式是指社会工作服务中形成的相对固定的、结构性和系统性的服务活动样式。

[①] 全国社会工作者职业水平考试教材编委会：《社会工作实务（中级）》，中国社会出版社，2020年，第2页。

二、社会工作实务模式的特点

基于社会工作实务模式的定义，可以概括出社会工作实务模式的主要特点。

（一）普适性

社会工作实务模式的一个主要特点就是源于实践同时又高于实践。社会工作实务模式的提炼使社会工作超越了感性摸索的主观局限，进一步走向专业化的普遍推广。在实际服务过程中，尽管服务对象及其面临的问题不同，但是，社会工作者可以摆脱这些表面差异，采用统一的工作模式提供服务。比如认知行为治疗模式目前在各种偏差人员的辅导与治疗中应用非常广泛；心理社会治疗模式也曾一度成为社会工作实务的主导模式，在各种服务对象之中得到应用，并且取得了显著疗效。

（二）中介性

社会工作实务模式是连接理论与实践的一座桥梁，这就决定了它的中介性特征。这种中介性特征进一步导致了社会工作实务模式的双重特征：一方面具有强烈的理论色彩，另一方面又具有鲜明的实践导向。也正是因为这种中介性，才使得社会工作摆脱了感性经验色彩，跨入了专业发展通道。

（三）专业性

社会工作实务模式为社会工作者在助人过程中运用社会工作价值、知识和技巧提供了框架，指示着助人活动的方向，是结构化的适用于社会工作领域和服务对象的一般性的实务方法，体现出社会工作的助人过程具有稳定性、规范性和专业性。

（四）历史性

社会工作的专业发展具有明显的历史性特征。在一百多年的发展过程中，社会工作逐渐从个人化慈善性行为上升为制度化专业学科，中间经历了学科的阶段性发展，因此，作为社会工作发展成果之一的社会工作实务模式也打上了生动的历史痕迹。在社会工作初创时期，因为弗洛伊德的精神分析占据主导地位，所以，心理社会分析逐渐成了社会工作实务的主导模式。后来，因为行为主义以及人本主义心理学的阶段性主导影响，行为主义和人本主义也先后成为社会工作实务的主导模式。目前，社会工作的理论视野逐步拓展，多学科的交叉影响日益扩大，导致认知行为治疗模式逐渐成为当今社会工作的主流模式。社会工作发展的专业历程表明，社会工作始终是一个不断发展的专业学科，社会工作实务模式也将有一个不断发展的过程。

（五）本土性

社会工作的服务对象是人，而人是具体的，是历史和文化语境中的有差异的人。这意味着社会工作的服务模式不可能全球统一化，而应该具有区域差异性。实际上，社会工作的模式化追求中一直面临着全球化与本土化的矛盾冲突。随着社会工作实践的深入，当今社会工作的发展逐渐在弥合这二者之间的差异，在追求理论统一性的同时，本土化的努力始终没有停止。也正是这种努力，才导致了社会工作实务模式的多样化，推动了社会工作专业本身的进步。

第二节 社会工作实务的通用过程模式

社会工作实务的通用过程模式也称为社会工作的总体干预模式（the generalist intervention model，GIM），是当代整合性社会工作实务发展的成果，是对社会工作实务活动共性的概括，涵盖了社会工作实务的发展阶段和不同系统。通用社会工作过程模式强调整合视角的社会工作实务，强调全人服务观，强调社会工作实务是结构化的规范性实务活动，是适用于所有社会工作领域和服务对象的一般性的实务方法。

一、通用过程模式的理论依据

社会工作实务的通用过程模式是由一系列理论作为支撑的，它的主要理论依据有人类行为与社会环境理论、系统理论、生态系统理论、优势视角等。

（一）人类行为与社会环境理论

人类行为与社会环境理论是关于人的生理、心理和社会发展的理论，包括人们生活所处的各个社会环境系统的理论，其"人在情境中""人与环境交互作用"的视角成为通用社会工作实务的重要理论基础。该理论强调个人与环境之间的互相影响：一方面，个人的行为和心理产生于具体的环境。这揭示了导致个人问题产生的社会背景，从而倡导社会政策的变革。另一方面，个人是具有认知能力的能动个体，社会工作可帮助其更好地适应社会。该理论重点放在个人、群体、社会和经济系统之间的交互作用上，是认识服务对象需要与问题的重要理论，反映了社会的基本制度性安排。这种人与社会交互作用的双向作用观可帮助社会工作者认识在人的生活中发挥重要作用的社会结构、系统和文化规范。

（二）系统理论

美国《社会工作词典》对系统理论的解释是：系统理论由一组概念组成，这些概念强调组成整体的各元素之间的相互关系，强调个人、小组、组织或社区之间的关系，强调环境中相互影响的各种因素。在社会工作实践中，"系统"是指社会系统内各个成员之间的相互作用及其影响。社会工作的系统视角强调超出服务对象自身问题来评估他们生活环境的复杂性以及二者之间的关系，提出了关于系统的新知识，使整合社会和心理现象的概念成为可能，也使社会工作对环境由原先采取的静态观点转向一种动态的观点，对服务对象问题的分析不再是个人归因，而是涉及宏观、中观和微观等各层次的外在环境。在系统视角下,个人、群体、组织和社区的环境系统是社会工作者介入和改变的场域,在这个场域里所有的元素彼此相互交错和影响,社会工作的目的就是要改善服务对象与其系统间相互作用的形态和性质。

系统理论的基本思想方法是把所研究的对象当作系统,分析系统的结构和功能,研究系统、元素、环境三者之间的相互关系、相互作用和动态变化。社会工作的服务对象尽管大小不同,但都是系统,都具有相同的性质。服务对象的共性为社会工作的通用过程模式统一的干预方法和程序奠定了基础。

(三) 生态系统理论

生态学视角的基本思想是人生存于环境之中,并与环境持续地发生相互作用,这种相互作用对人的行为和生活有重要影响。社会工作的目的就是改善人与环境的相互作用。生态学视角为社会工作者提供了观察世界的方法,有助于理解案主与环境的相互作用。

生态系统理论提出栖息地和生存空间的概念。栖息地为人生活的环境,包括物理和社会环境;生存空间是人在社会中所处的地位和扮演的角色。生态系统理论视角下社会工作实务的切入点就是,人生来就有与环境和其他人互动的能力;个人的行动是有目的的,人类遵循适者生存的法则;对个人问题的理解和判定必须在其生存的环境中进行。生态系统理论强调关注服务对象的生活及环境两个层面,重新建构"人在情境中"的人与环境的联合交互系统。

(四) 优势视角

优势视角(strengths perspective)也称为能力视角,认为每个人、群体、组织和社区都有其内在的能力,只要存在适当的条件,就可以建设性地发挥自身功能去有效地应对生活中的挑战。丹尼斯·萨利比(Dennis Saleebey)于1997年提出了优势视角的五条原则:每个人、小组、家庭和社区都有优势,都有其内在和外在资源;创伤、虐待、疾病和挣扎可能是伤害,但也可能成为挑战和机遇;假定你不知道成长和转变能力的上限,认真地对待个人、群体和社区的抱负;社会工作者只有通过与服务对象协作才能更好地为他们服务;每一种环境都充满资源。优势视角下社会工作实务的特点主要有非疾病假设、重视服务对象的优势、强调整合性干预服务等。

优势视角关注人的内在力量和优势资源而非问题及原因,相信个人有能力有效地应对生活中的挑战。优势视角立足现在,着眼未来,建立在案主及环境已有的优势之上,而不是依赖获得新的资源和技能;关注的是案主的优势而不是弱点和问题;强调的是案主能做什么,而不是不能做什么。因此,优势视角就为社会工作干预奠定了坚实的基础,往往能快速满足案主的需要。

二、通用过程模式的特点和注意事项

通用过程模式将助人过程看作一个有结构的解决问题的过程,具有与传统实务方法不同的特点。

（一）通用过程模式的特点

通用过程模式强调助人是一个结构化的实务过程，需要运用综融的社会工作理论和整合的社会工作实务方法。因此，通用过程模式呈现出以下特点。

1. 整合社会工作的价值观

通用过程模式整合了社会工作的核心价值观，强调社会工作的伦理守则，从而有助于社会工作者专业责任的履行。

2. 工作过程阶段化

通用过程模式将助人过程划分为逻辑上前后相连的几个阶段，以显示助人过程中不同阶段的主要特点，以及与之相联系的具体任务。

3. 运用综合方法

通用过程模式在理论取向上采取综合的立场，从各种可取的知识和方法中选取最好的加以综合。这些知识和方法都是经过实践检验的，确实可信。

（二）通用过程模式的注意事项

通用过程模式是对社会工作助人活动规律的一般性概括，在具体运用时应根据助人活动的场境，依据实际情况加以处理。在运用通用过程模式时应注意以下方面：助人过程各阶段的先后次序是有弹性的，多样的工作场所决定了助人过程各阶段的先后次序不同；工作过程不是直线式而是螺旋式的，已完成的工作有可能需要进一步跟进；模式本身只可作为实务过程的参考，应根据实际情况随时修正工作的方法，调整工作的过程。

三、通用过程模式中的四个基本系统

通用过程模式采用系统理论，将社会工作的服务系统看作由社会工作者、服务对象、需要改变的目标以及为达致改变的目标而采取的行动组成，它们分别对应四个基本系统，即改变媒介系统、服务对象系统、目标系统和行动系统。

（一）改变媒介系统

改变媒介系统即助人者系统，是促使服务对象改变的媒介，通常由与服务对象有关的具有不同专长的助人者组成，其中，社会工作者是主要的改变媒介。改变媒介系统既是服务对象改变的媒介，又是改变努力的主要行动者。

（二）服务对象系统

服务对象系统是指社会工作服务的对象，也是社会工作服务的直接受益人，可以是个人、家庭、团体、组织、社区。

（三）目标系统

目标系统是为了达到改变服务对象系统及其所处的社会环境所需要改变和影响的系统。目标系统并不一定就等于服务对象系统，一般说来，目标系统大于服务对象系统，且有时效性。服务对象系统与目标系统有时是一致的，有时不一致，有时可能是交叉的。

（四）行动系统

行动系统是指与社会工作者一起工作、实现改变目标的人，是社会工作者的合作者。在一个问题情境中，改变媒介可以与一个或几个行动系统工作，以完成不同的改变任务。

通用过程模式的四个基本系统为社会工作者的助人活动提供了工作指南。在社会工作的助人过程中，这四个基本系统不断互动，以达到助人的目的。作为改变媒介的社会工作者是服务对象改变的关键性人物，对于各系统的分析与运用是达至助人目标的重要工具。

四、社会工作实务的通用过程

社会工作的助人过程有一些基本的程序，称为社会工作实务的通用过程，包括接案、预估、计划、介入、评估和结案六个阶段，每个阶段都有各自不同的工作任务、工作内容、工作方法与技巧。

（一）接案

接案（engagement）是整个助人过程的起点和基础，是指社会工作者与潜在服务对象接触，帮助其逐渐成为服务对象并接受服务的过程，也是双方通过沟通达成共同解决问题初步协议的助人过程的开端。

接案阶段的主要工作包括：

（1）了解服务对象的来源和接受服务的意愿。
（2）介绍机构和社会工作者的职责以及服务范围和服务方式。
（3）初步评估服务对象的问题与需求。
（4）与服务对象建立专业关系。
（5）填写《接案记录表》。

（二）预估

预估（assessment）是依据既定情境中的事实与特点，通过对服务对象系统性的整体评估，推论出服务对象问题含义的暂时性结论的逻辑过程。

预估阶段的主要工作包括：

（1）收集服务对象个人的生理、心理及社会等方面的资料。
（2）收集服务对象社会环境的微观、中观、宏观系统等资料。
（3）收集服务对象对自己及其处境的感受、观念和期待。
（4）以需求为导向，与服务对象讨论其需要、困境或问题。
（5）以资源为导向，识别服务对象及其所处环境中的资源、优势与障碍。
（6）以服务为导向，与服务对象讨论选择适当的服务目标与服务内容。
（7）填写《服务对象预估表》。

（三）计划

计划（planning）是为解决服务对象的问题而进行的一系列解决方案的制订过程，是制定有效行动方案、明确任务和责任的过程。

计划阶段的主要工作包括：
（1）制定服务的目的与目标。
（2）选择介入的服务模式。
（3）制定具体的介入策略、行动步骤和进度安排。
（4）明确社会工作者和服务对象各自的任务并签订《服务协议》。
（5）确定服务评估方法。
（6）填写《服务计划表》。

（四）介入

介入（intervention）是社会工作者运用专业的知识、方法与技巧，协助服务对象达到计划服务目标的过程，是社会工作者与服务对象及其社会支持系统一起，为满足需要和解决问题共同采取行动的过程。介入的策略主要包括：

1. 直接介入策略

直接介入策略是针对服务对象的直接行动，即以个人、家庭和群体为关注对象，重点在于改变服务对象的人际交往或与其环境中的个人和社会系统的关系及互动方式。主要体现在以下方面：
（1）促使服务对象的认知、情绪、行为等发生正向改变。
（2）促使服务对象学会运用现有资源并积极发展可用资源。
（3）激发服务对象的主观能动性，进行能力建设。
（4）促使服务对象与环境相适应。
（5）填写《工作过程记录表》。

2. 间接介入策略

间接介入策略是由社会工作者代表服务对象采取行动，通过介入服务对象以外的其他系统以间接为服务对象提供帮助的行动。主要体现在以下方面：
（1）协调和链接服务对象所需要的各种资源。

(2) 改变服务对象所处的环境。
(3) 进行个案管理。

(五) 评估

评估（evaluation）是运用科学的研究方法和技术，对介入过程及效果的评价，以系统地考察社会工作的介入是否有效、是否达到了预期目的与目标的过程。

评估阶段应完成的主要工作包括：

(1) 对服务成效进行评估，包括评估服务对象的改变、目标的实现、服务对象满意度等。
(2) 对服务过程进行评估，包括评估过程中运用的理论、模式、方法，进度的把握和调整，工作人员的表现，对专业的反思等。
(3) 填写《服务评估表》。

(六) 结案

结案（termination）是指当介入计划已经完成，介入目标已经实现，服务对象的问题已经解决，或服务对象认为已经达到足够的改变而要求终止工作，或社会工作者由于某些原因不能继续提供服务时，社会工作者和服务对象为结束工作关系所采取的行动。

结案阶段应完成的主要工作有：

(1) 确定合适的结案时机。
(2) 回顾服务过程，增强服务对象独立解决问题的能力和信心。
(3) 巩固服务对象及其所处环境已有的改善成果。
(4) 结束工作关系，妥善处理离别情绪。
(5) 填写《结案表》。
(6) 对需要转介的服务对象做好转介安排。

总之，通用过程模式建立在社会工作知识、技能和价值的基础之上，反映了社会工作的特性；模式涉及微观、中观、宏观系统，并把它们作为改变的目标；模式的总体性方法意味着可以以广阔的视野分析和解决任何问题；模式运用了一种特定的有计划的改变过程——六个阶段，这一过程可以灵活运用于实际工作中。

第三章 个案社会工作

作为最早诞生的社会工作专业方法,个案社会工作以其丰富的内容在社会工作实务中占有重要的地位。本章通过对个案社会工作的基本概念、主要模式、工作过程以及常用技巧等内容的介绍,以期对个案社会工作有较完整的呈现。

第一节 个案社会工作概述

本节在综合了不同学者的观点后,对个案社会工作的基本概念进行了界定,并从个案社会工作的关系性质、个案社会工作的行为手段性质以及个案社会工作要达到的目的性质等方面,对个案社会工作的本质进行了界定。

一、个案社会工作的定义

个案社会工作,也称为社会个案工作,简称个案工作,是直接从英文 Social Case Work 翻译过来的。Social 即社会,广义的社会是指由一定的经济基础和上层建筑构成的整体,也叫社会形态,狭义的社会泛指由共同的物质条件互相联系起来的人群。Case 即事例、事件或案例,在 Social Case Work 中意指个案社会工作,是以个别的方式、针对单个案例进行的助人工作。Work 即工作或劳动,意指个案社会工作是社会工作者为帮助服务对象而做的工作或进行的劳动,是社会工作者体力和脑力劳动的付出,是社会工作者将个案社会工作的价值理念、理论知识、技术方法进行整合并作用于服务对象的一种社会实践活动。

通过以上对个案社会工作概念的分析,我们可对个案社会工作的含义有一定的了解。有关个案社会工作的定义,我们来看看专家学者们是怎么界定的。

社会工作的先驱玛丽·里士满(Mary Richmond)(1922 年)在其《什么是社会个案工作》一书中提出,个案社会工作包含着一连串的工作过程,它以个人为着手点,通过对个人及其所处的环境做有效的调整,以促进其人格的成长。这是个案社会工作最早期的定义。美国社会工作者协会(1965 年)在《社会工作百科全书》中对个案社会工作进行了总结,提出:个案社会工作所注重的不是社会问题本身,而是"个案",尤其注重因社会问题所困扰或无法与社会环境或社会关系圆满适应的个体或家庭。个案社会工作的目的是帮助遭遇人与人或人与环境的适应困境的个人及家庭,恢复、加强或改造其社会功能。

叶楚生（1967年）提出，个案社会工作是现代社会工作中的一种专门工作或方法，主要目的在于协助产生问题或遭遇困难的个人或家庭，对于其问题或困难给予适当的处理，以增进其福利。

《中国社会工作百科全书》（1994年）把个案社会工作界定为：个案社会工作是社会工作的一种基本方法，是以个别化方法，对感受困难、生活失调的个人或家庭（服务对象）提供物质帮助、精神支持等方面的服务以解决他们的问题，增强其社会适应能力。王思斌（1999年）在《社会工作概论》中把个案社会工作界定为：个案社会工作是由专业社会工作者运用有关人与社会的专业知识和技巧，为个人和家庭提供物质或情感方面的支持与服务，目的在于帮助个人和家庭减低压力，解决问题，达到个人和社会的良好福利状态。

综合以上定义，可以归纳出个案社会工作有以下四方面的含义：

（1）个案社会工作是个别化的社会工作方法。这里强调了个案社会工作助人的专业性和方法的个别化特性。专业性是指个案社会工作是社会工作的专业方法之一，是由受过专业训练的个案社会工作者在社会工作服务机构内为服务对象提供的服务。个别化是指个案社会工作针对服务对象的具体问题及其处境，以一对一的方式进行。

（2）个案社会工作的服务对象首先是有困难的个人或家庭，也包括没有具体的困难或问题而想要满足更完美的需要的服务对象。总之，所有的社会成员当其有需要时，都可以是个案社会工作关怀、帮助的对象。

（3）个案社会工作注重个人和社会两方面的调整，兼顾形成问题的内因和外因。人的问题脱离不了其所生存的社会环境。单单个人做出调整，有时问题仍难以得到有效解决，有了环境方面的配合，常常会收到更好的效果。

（4）个案社会工作注重科学的知识基础。个案社会工作以科学的理论知识作为指导，个案社会工作者必须学习、掌握人际关系学、心理学、传播学、社会学等社会科学知识，应该遵循科学的步骤和程序进行工作。

总之，个案社会工作就是以有需要的个人或家庭为服务对象，运用专业的知识和方法，通过建立一对一的专业关系，帮助服务对象调动内在和外在资源，增强其解决困难和适应社会的能力，促进其与环境和谐发展的一种专业社会工作方法。

二、个案社会工作的本质特征

通过对个案社会工作的概念、定义等方面的分析可见，个案社会工作作为一项助人专业方法包含着丰富的内容。那么，决定个案社会工作包含这些丰富内容的本质的东西是什么？下面将从个案社会工作的关系性质、个案社会工作的行为手段性质以及个案社会工作要达到的目的性质等方面来讨论个案社会工作的本质特征。

（一）个案社会工作是一种信息沟通活动

从个案社会工作的关系性质来看，个案社会工作就是一种信息沟通活动。依据沟通对象，个案社会工作的信息沟通活动可以划分为两种情形：一种情形是社会工作者与服务对象的沟通，从社会工作者接案、与服务对象会谈、收集资料、判断评估、实际介入到结案，都离不开这种沟通手段。另一种情形是社会工作者与其他人员的沟通，社会工作者除了要做大量的心理辅导（必须运用信息沟通的手段）工作，还要对服务对象给予实际的帮助，这些工作都需要社会工作者运用信息沟通的手段与有关部门、机构的人员进行协调。

（二）个案社会工作关系是一种特殊的社会关系

从个案社会工作的行为手段性质来看，在个案社会工作中，社会工作者与服务对象的关系既不是完全的角色互动的群体关系，也不是完全的个性互动的个体关系，而是一种特殊的社会关系，这种特殊性表现在以下几个方面。

1. 个案社会工作关系是角色与个性的互动

个案社会工作者作为一种社会角色有其严格的行为规范要求，社会工作者必须秉持社会工作的价值观，运用科学的知识和方法等，而服务对象则表现出纯粹的个性，以完全真实的自我出现在社会工作者面前，而且社会工作者将鼓励服务对象这样做，个案社会工作也要求服务对象这样做。这就体现出个案社会工作关系中角色与个性的互动。

2. 个案社会工作关系具有利益单向性的特点

个案社会工作中社会工作者与服务对象的关系与一般的社会关系不同，它不具有互利性，而是表现为利益的单向性。个案社会工作只关注服务对象的利益，社会工作者不图任何个人的回报，社会工作者的工作动力是助人、是给予、是奉献。

3. 个案社会工作关系是专业的动态过程

双方客体的存在只为社会关系的产生提供了可能性，双方客体的互动才使社会关系得以实现。个案社会工作关系的互动性表现得尤为突出，个案社会工作的过程就是社会工作者与服务对象的互动过程，在互动中实现尊重、关怀，协助服务对象挖掘生命的潜能，使其恢复自助能力。

（三）个案社会工作的目的是助人自助

从个案社会工作要达到的目的性质来看，个案社会工作的目的是助人自助。具体体现在以下两方面。

1. 帮助服务对象恢复自助能力

个案社会工作的目标是既治标，也治本，而且更注重治本。既要帮助服务对象解决面对的具体问题，也注重帮助服务对象恢复、培养自助的能力。

2. 社会工作者在助人的过程中得到成长

从动机角度看,个案社会工作以服务对象的需要为本,要求社会工作者所有的方案设计、工作实施以及整个工作过程,都必须围绕服务对象的需要,而且要求社会工作者时刻警醒自己是否为了满足自己个人的需要去与服务对象互动。但从工作效果角度看,社会工作者在帮助服务对象的过程中,自己也会得到成长。因此,社会工作者应经常反思自己在与服务对象互动过程中的经验,在不断觉知中巩固自己的成长和进步。

案例小剧场

常骏是一名刚刚刑满释放的人员,正在接受社会工作者小吴的服务,他让小吴给他找一份工作。小吴没有直接答应他,而是和他一起分析自己的优点,帮助他建立信心,随后又和他一起分析用人单位的要求与期待,带着他进行职业培训,之后又给了他许多求职信息,让他尝试去联系用人单位。

此案例中社会工作者小吴没有直接帮助服务对象做事,而是在协助服务对象恢复自助能力,是在助人自助。个案社会工作不是代替服务对象解决问题,而是协助服务对象、与服务对象一起解决问题,在解决问题的同时帮助服务对象恢复自助能力。

第二节 个案社会工作的主要模式

个案社会工作在发展中产生了许多的工作模式。本节介绍了个案社会工作的五大理论模式:心理社会治疗模式、理性情绪治疗模式、行为修正模式、人本治疗模式、家庭治疗模式。这五大模式对个人问题原因的分析各有自己的角度,解决之道也不尽相同。

一、心理社会治疗模式

心理社会治疗模式是个案社会工作最基本的理论分析模式之一,也是社会工作者经常采用的一种传统的工作方法。心理社会治疗模式强调生物因素、内在的心理和情感过程、外部的社会和物理环境对人的问题的影响,以及这些因素间的相互作用所造成的影响。工作的方法是从了解和评估这些因素着手,做出诊断,制定相应的解决方案,然后实施。心理社会治疗模式对社会工作的影响不仅表现为它是一种直接指导个案社会工作的方法,而且它的一些理论概念和假设被广泛接受,例如,将人的属性看作是由生理、心理和社会三方面的因素组成的,各方面的因素相互影响导致求助者的特定行为。这些基本看法影响了其他个案社会工作理论分析模式的形成和发展。

(一)历史脉络

心理社会治疗模式最早是由社会工作者玛丽·杰雷特(Mary Jarrelt)在 1928 年提

出的。她发现里士满在其所著的《社会诊断》一书中所列举的实例至少有50%以上显示了精神症状方面的问题，因此，她预言个案社会工作的重点将转移到心理方面。但最早使用"心理社会"这个名词的社会工作者是美国史密斯学院（Smith College）的汉金斯（Hankins）。1937年哥伦比亚大学的汉密尔顿（Hamilton）出版了《个案工作的基本概念》一书，对心理与社会治疗的个案社会工作理论分析模式进行了整理。后来芝加哥大学的托尔（Towle）对汉密尔顿的个案社会工作理论分析模式进行了修正，提出以心理和社会治疗为主的个案社会工作理论分析模式。托尔主张，对个人的理解必须从"人在情境中"着手，认为人的行为是由内在的心理因素和外在的环境因素相互作用导致的。20世纪60年代美国哥伦比亚大学的霍利斯（Hollis）出版了《个案工作：一种心理与社会理论》一书，将心理与社会治疗模式发扬光大。她认为个人社会生活功能的丧失或不良是由求助者的内在和外在的因素共同导致的。目前所使用的心理社会治疗模式的基本概念主要来自霍利斯的总结。与其他个案社会工作理论分析模式相比，心理社会治疗模式更具开放性。

（二）理论假设

心理社会治疗模式有几个重要的理论假设：

（1）对人的成长发展的假设。人的成长受到生理、心理和社会三个因素的影响，而且这三个因素又相互作用，共同影响当事人的成长过程。

（2）对服务对象问题的假设。服务对象问题产生的原因包括不良的现实生活环境、不成熟或者有缺陷的自我和超我功能、过分严厉的自我防卫机制和超我功能。

（3）对人际沟通的假设。人际交流良好是保证有效沟通的基础，是形成健康人格的条件。

（4）对人的价值的假设。每个人都是有价值的，具备发展的潜力，只是未被开发而已。所以，心理社会治疗模式的宗旨就是协助个人充分发掘出潜能，获得健康的发展。

（三）治疗方法和技巧

心理社会治疗模式的具体治疗方法和技巧很多，如支持、忠告和提议等。依据治疗技巧的影响对象，心理社会治疗模式的治疗技巧可以分为两大类：直接治疗和间接治疗。直接治疗是指社会工作者直接对求助者进行辅导、治疗，不需要借助第三者。相反，间接治疗则是指社会工作者通过改善外部环境或者辅导第三者，从而间接影响、帮助求助者。

1. 直接治疗技巧

直接治疗可以根据社会工作者与求助者的沟通状况，分为非反思性直接治疗和反思性直接治疗。如果社会工作者直接向求助者提供各种帮助，而求助者只处于服从者的地位，这样的治疗称为非反思性直接治疗。反思性直接治疗是指社会工作者通过各种技巧引导求助者对其问题进行理解和分析。

非反思性直接治疗的技巧主要包括支持、直接影响和探索—描述—宣泄三种类型。

支持是心理社会治疗模式常用的治疗技巧之一，其核心是通过社会工作者的了解、接纳、同感和信任等削减求助者的焦虑和不安。直接影响是指社会工作者通过直接表示自己的态度和意见促进求助者不良行为的改变和心理困扰的消除，具体方式主要有五种：强调、提议、忠告、坚持和干预。探索—描述—宣泄是指社会工作者通过求助者的描述和解释探索求助者的问题，并为求助者的情感宣泄提供机会，以便疏导求助者的情绪冲突，改变其不良行为。

反思性直接治疗的技巧主要包括三种类型：现实情况反思、心理动力反思和人格发展反思。现实情况反思是指社会工作者通过一些专门的治疗技巧，协助求助者对其目前所处的外部环境以及内心困扰做出正确的理解和评价。社会工作者需要帮助求助者摆脱这些错误的认识和评价，改变不良的行为方式。心理动力反思是为求助者提供当前状况的认识和评价，这就要求社会工作者协助求助者认识、理解自己的心理反应倾向，分析自己内心的反应方式。人格发展反思是指社会工作者帮助求助者重新认识和评价自己的早年痛苦经历，调整求助者的人格发展。人格发展反思的治疗技巧包括三个方面：第一，宣泄。社会工作者首先需要给予求助者一定的机会宣泄长期被压制的需要和情绪冲突，以便与求助者共同深入探讨其早年的痛苦经历。第二，分析。与求助者一起探讨其早年的不幸经历，把求助者的早年感受与其现实的不良行为联系起来，分析其中的逻辑关系。第三，修正。帮助求助者重新评估以前的经历，调整求助者现有的人际关系。

2. 间接治疗技巧

间接治疗技巧的核心是希望通过改善求助者的外部环境来促进求助者不良行为的改变。求助者的外部环境涉及许多方面，主要有父母、朋友、亲属、邻里、同事和雇主等。霍利斯认为，改善求助者外部环境的技巧有四个，即支持、直接影响、宣泄和现实情况反映，它们同时也是直接治疗的技巧。

（四）治疗过程

心理社会治疗的过程可以概括为三步，即研究、诊断和治疗。三个部分相互关联，在实际工作中无法截然分开，研究过程中包含诊断和治疗，诊断和治疗的过程也是研究的过程。这里只是为了表述的方便才将心理社会治疗模式的过程分为研究、诊断和治疗三个步骤。

1. 研究

心理社会治疗模式的研究过程从社会工作者与求助者的第一次接触就开始了，一直延续到整个辅导工作的结束。在与求助者的人际交往中，社会工作者需要把求助者引入产生问题的特定情境中，从求助者具体的人际互动中收集、了解其有关的资料，并将这些资料综合起来，以便揭示导致求助者心理困扰和人际关系失调的原因所在。

2. 诊断

诊断是指整理和分析求助者的有关资料，并对其问题性质、产生原因以及发展过程做出评估和推理的过程。就一般情况而言，心理社会治疗模式的诊断包括三个方面的内容：心理动态诊断、原由诊断和分类诊断。心理动态诊断是指对求助者的本我、自我和超我的人格三部分做横向的动态分析，以了解其人格的内部动力联系。原由诊断是指对求助者的过去和现在的心理困扰和人际关系失调进行纵向的分析，以便把握求助者问题产生的内在发展逻辑。分类诊断是指对求助者的问题分别进行分析评估，以便全面把握求助者的心理困扰和人际关系失调。心理社会治疗模式认为，求助者的心理困扰和人际关系失调是各方面因素共同作用的结果。一般来说，求助者的问题表现在三个方面，即生理、心理和社会。因此，分类诊断就要求工作者对求助者这三个方面做出临床评估，以便全面、综合、系统地考察求助者的问题。

3. 治疗

治疗是心理社会治疗模式方法的第三部分，是指对求助者的心理困扰和人际关系失调的各方面因素进行修正和调整的过程，以便求助者有效适应外部环境，建立良好的人际关系，克服各种内心困扰，充分利用自身的潜能健康地发展。心理社会治疗模式的治疗范围一般涉及以下五个方面：第一，减轻求助者的焦虑和不安；第二，减轻求助者的系统功能失调；第三，增强求助者的自我适应功能；第四，开发求助者的潜能，增强求助者的自我实现需要；第五，调整求助者的人际关系，改善求助者的社会生活环境。

（五）模式评述

心理社会治疗模式比较成熟，受到很多人的赞扬，它的一些基本概念也被其他个案社会工作理论分析模式广泛采纳。它从精神分析理论入手，不断吸收其他学科的理论和见解，纳入自己的框架内，使这一派理论持续得到丰富和发展。它既有自己的理论体系，又有开放性，这或许就是它历经数十载至今仍能受到不少工作员青睐的原因吧。

心理社会治疗模式的方法和技巧丰富细腻，对于初学者而言，它们提供了良好的学习基础，特别是在关系建立方面，支持、保证等技巧能让工作员根据当事人的不同情况做出相应的调整。它的方法和技巧几乎涉及个案社会工作的各个层次。

批评这一模式的人指出，同其他指导性理论相比，它花费的时间长，工作进展缓慢。这一模式中众多的反映和非反映技巧，似乎需要当事人有较强的沟通能力、内省能力和一个完整的自我，否则难有成效。因此，对于严重精神病患者或处于危急事件中的当事人，这一方法就难以发挥效用。还有，它在改变当事人的病症方面也没有行为修正疗法那么有把握。

案例小剧场

林女士在童年时父亲意外去世，由母亲一人抚养长大，家境较为贫寒，技校毕业后，在一工厂做工，平时沉默寡言，比较自卑，后通过相亲，与段先生结婚，生有一子。最近林女士与其丈夫先后下岗，因为年龄偏大，林女士在求职问题上显得很焦虑与恐慌，这种被动的心理与行为不仅发生在求职上，还表现在与家人的沟通上。

心理社会治疗模式分析：服务对象处于功能较弱的家庭系统及社会交往系统中。从心理动态诊断角度看，服务对象的超我发展比较弱，具有自我贬低倾向，缺乏信心。服务对象面对挫折的自我防卫反应是逃避、退缩。从根本上看，童年经历了贫困和许多伤害性经验，导致服务对象过度压抑内在心理需求，并采取逃避等不当的防卫反应。基于此，社会工作者可以同时促使服务对象个人、服务对象所处的环境这两方面的改变，使得服务对象与环境达到平衡。

二、理性情绪治疗模式

理性情绪治疗模式是认知疗法的一种重要理论分析模式。它除了极具影响的 ABC 理论外，还有一套相对系统、完备、独特的个案辅导技术，并在临床实践中得到了广泛的应用和肯定。因此，理性情绪治疗模式在当代个案社会工作中具有较为广泛、重要的影响。

理性情绪治疗模式关注人的情绪，在解释求助者的情绪和行为困扰时，强调非理性信念的作用，认为真正导致求助者问题的因素是求助者的非理性信念。它使得求助者在理解自己生活状况时出现抽象化、绝对化和普遍化的特点。要消除求助者的情绪和行为困扰，就需要对求助者的非理性信念进行检查和辩论，使求助者学会理性的生活方式。

（一）历史脉络

理性情绪治疗模式是由美国心理学家艾利斯（Ellis）在 1955 年创立的。在初期的治疗工作中，艾利斯采用的是心理分析方法。经过几年的临床实践，艾利斯发现，揭示求助者早期经历并不能帮助其解决问题，也无法保证求助者在以后的生活中不再出现其他类似的困难。到了 20 世纪 50 年代，艾利斯开始创立自己的理性情绪治疗模式，他希望从求助者的理性、情绪和行为等方面着手治疗，采取主动、指导的治疗策略，使求助者的情绪和行为发生彻底的改变。他与合作者罗伯特·哈帕（Robert Harper）将这种新的治疗模式称为理性情绪治疗模式。在理性情绪治疗模式形成初期，艾利斯非常强调理性对情绪和行为的影响。他认为，一个人如果能保持理性的信念，就不可能产生情绪困扰，行为也就比较合适。到了 20 世纪 60 年代末，理性情绪治疗模式开始逐渐被人们接受。进入 80 年代后，理性情绪治疗模式成为国际知名的一种理论分析模式，不仅广泛运用于个案辅导工作中，同时也被推广到教育培训等领域。

（二）理论假设

理性情绪治疗模式采取人本主义价值立场，对人的信念、情绪和行为之间的关系进行了深入细致的分析。其理论假设的要点可以概括为以下几个方面。

1. 对人性的基本假设

艾利斯从人本主义价值立场出发，假设人的存在是有价值的，这种价值不是由他的身份、能力或才智等决定的，也不会因为遭受挫折、能力欠佳或他人的贬抑而降低，这是人的一种先天固有的本性，使人趋向于成长和自我实现。因此，对于人来说，追求快乐是生活的主要目标，这种快乐应该是长期的，而不是短期的。

2. 心理失调的原因和机制

理性情绪治疗模式对求助者心理失调的原因和机制进行了深入细致的研究，并将研究的结果概括为 ABC 理论。A 代表引发事件，是指求助者所遇到的能够导致其变化的当前事件。B 代表求助者的信念系统，是指求助者对引发事件的认知和评价。C 代表引发事件之后出现的各种认知、情绪和行为。对非理性信念进行识别和辩论的过程可以用 D 来表示，这样就可以协助求助者克服各种非理性信念，最终使求助者的情绪和行为困扰消除，形成一种有效的理性生活方式，达到目标 E。

（三）实施方法

1. 辅导目标

理性情绪治疗模式把辅导目标分为两步：第一步，帮助求助者消除不适当的情绪反应。第二步，帮助求助者改变不良的非理性信念。

艾利斯认为，非理性信念具有抽象化、绝对化和普遍化等特点。抽象化是指求助者将具体环境中得出的特定认识概括为一般的准则；绝对化是指求助者对自己的要求过高，希望自己的生活完美无缺，无可挑剔；普遍化是指求助者把自己对某件或某些事物的看法概括为所有事物的普遍特征。

2. 社会工作者的辅导角色

理性情绪治疗模式与人本治疗模式不同，它强调社会工作者需要积极介入个案辅导过程，主动帮助求助者克服情绪困扰。理性情绪治疗模式认为，在实际的辅导过程中，社会工作者需要注意三个方面的问题：第一，采取综合的改变途径。第二，注重求助者此时此地的感受。第三，强调顿悟。这种顿悟包括三个层次：第一层次，理解自己的情绪和行为困扰是由非理性信念导致的；第二层次，理解自己的困扰没有消除是因为仍然坚持非理性信念；第三层次，理解消除非理性信念是克服自己情绪和行为困扰的唯一途径。

3. 治疗过程

理性情绪治疗模式以帮助求助者改变非理性信念为中心，形成了一套比较完整、明确的辅导方法。它主要包括五个方面的内容：明确辅导要求、检查非理性信念、与非理性信念辩论、学会理性生活方式和巩固辅导效果。

（1）明确辅导要求。从第一次接触开始，社会工作者就需要向求助者介绍理性情绪治疗模式的理论和方法，让求助者理解，其情绪和行为的困扰不是由引发事件导致的，而是由自己的非理性信念产生的，并设法与求助者建立友好的合作关系。

（2）检查非理性信念。理性情绪治疗模式强调，社会工作者需要积极地介入个案辅导过程，鼓励求助者探讨其情绪和行为困扰背后的非理性信念，帮助其认识和理解非理性信念与困扰之间的关系。

(3) 与非理性信念辩论。检查出困扰的非理性信念原因之后，社会工作者就需要帮助求助者与这些非理性信念进行辩论，指出它们的不合理和不切实际之处，让求助者认识到它们的危害，并鼓励求助者摒弃这些非理性信念，采取积极行动改变目前的生活状况。

(4) 学会理性生活方式。在清晰辨别非理性信念的基础上，社会工作者就需要帮助求助者找出合适的、理性的情绪和行为反应方式，运用现实的理性信念去替代非理性信念，并把理性信念与合适的情绪和行为反应连接起来，形成理性的生活方式。

(5) 巩固辅导效果。理性情绪治疗模式的最后一个方面是帮助求助者把所学到的理性生活方式运用到自己的实际生活中。在此阶段社会工作者的任务主要有以下几个方面：第一，帮助求助者继续练习理性的反应方式，巩固个案辅导的效果；第二，帮助求助者逐渐内化理性信念，并以此指导自己的现实生活；第三，布置一些家庭作业，并鼓励求助者在以后的生活中继续学习理性情绪治疗模式的理论和方法，不断地对自己的非理性信念进行分析、理解和质疑，使自己的生活变得更加积极、健康。

4. 治疗技巧

理性情绪治疗模式不同于人本治疗模式，比较注重辅导技巧的总结和运用。下面将着重介绍理性情绪治疗模式的有关非理性信念的检查和辩论技巧。

(1) 检查技巧。非理性信念的检查技巧是帮助求助者认识和辨别情绪和行为困扰背后的非理性信念的具体方法，包括许多具体的操作技术，主要有反映感受、角色扮演、冒险和识别等。

(2) 辩论技巧。理性情绪治疗模式运用非理性信念的辩论技巧帮助求助者改变原有的非理性信念，形成较为现实的、理性的生活方式。这些辅导技巧主要包括辩论、理性功课、放弃自我评价、自我表露、示范、替代性选择、去灾难化和想象等。

(四) 运用理性情绪治疗模式的主要原则

(1) 注重综合运用各种辅导技巧。
(2) 注重对求助者的非理性信念进行分析、辨别和争论。
(3) 注重把求助者的面谈辅导和自助辅导结合起来。

(五) 模式述评

临床实践证明，理性情绪治疗模式是比较有效的个案社会工作理论分析模式之一，它的辅导效果明显、直接，而且保持时间比较长。因此，理性情绪治疗模式在个案辅导工作中比较受欢迎。它的优点主要有：强调非理性信念对求助者情绪和行为的影响，强调社会工作者积极、主动地介入个案辅导过程，辅导的效率比较高，采取开放的态度综合运用各种辅导技巧等。

理性情绪治疗模式也受到一些人的批评，如忽视与求助者建立和谐、信任的辅导关系以及过于强调社会工作者的主动介入等,这些因素被认为会减弱理性情绪治疗模式的辅导效果。概括起来,理性情绪治疗模式的主要局限有:理性信念含义不清,过分强调社会工作者积极介入辅导过程,忽视对求助者内部感受的分析和理解等。

案例小剧场

案例分析:服务对象丽丽,女,22岁,未婚,在某高校就读本科,从小在城市社区长大。母亲45岁,是一名医生;父亲48岁,是国有企业干部;家庭经济状况良好。丽丽目前与父母一起居住,其父母感情很好,也很宠爱丽丽。

丽丽找到社会工作者,诉说她每天生活在烦躁和苦闷中,觉得自己身体素质明显下降,应该是生病了。她觉得班级同学老喜欢在背后议论她,感觉很烦躁。另外,她很讨厌现在的老师,觉得老师总是上课拖堂,也很偏心,考试分数居然没有给她打最高。最后她还告诉社会工作者,她时常感到孤独,觉得自己的生活一团糟,没有一点好的地方。

结合本案例,服务对象丽丽的情绪困扰从表面上看是由客观的外部环境造成的,其实是丽丽自身对于环境的主观解释和评价造成的,是她的非理性信念系统导致了情绪困扰。因此,解决情绪困扰的根本出路在于纠正其非理性信念系统的偏差。

常见的非理性信念有以下11种:

(1)个人绝对要获得周围的人,尤其是周围重要人物的喜爱和赞许。

(2)一个人应该是全能的,只有在人生道路的每一个环节都有成就才能体现人生的价值。

(3)世界上有一些无用、可憎、邪恶的人,对他们应该歧视、排斥,并给予严厉的谴责和惩罚。

(4)当生活中出现不如意的事情时,就有大难临头的感觉。

(5)人生充满艰难困苦,人的责任和压力太重,因此必须设法逃避现实。

(6)个体的不愉快均由外在环境因素造成,因此无法消除痛苦和困扰。

(7)对危险和可怕的事情应高度警惕,时刻关注,随时准备应对它们的发生。

(8)个人以往的经历决定现在的行为,而且是永远无法控制、改变的。

(9)一个人需要依赖他人而生活,因此,必须有一个强有力的人让其依附。

(10)一个人应该十分投入地关心他人,为他人的问题而伤心难过,这样才能使自己的情感得到寄托。

(11)人生的每一个问题都必须要有一个精确的答案和完美的解决办法,一旦不能如此,就十分痛苦、糟糕。

参照以上11种非理性信念,只要找准丽丽存在的非理性信念,就可以对症下药。

按照个案社会工作的一般流程与服务对象建立良好的工作关系、对服务对象的情况进行预估之后,接下来就应用理性情绪治疗模式进行具体干预,一般包括以下几个步骤。

1. 找出服务对象的非理性信念

直接找出服务对象的非理性信念,然后通过辩驳纠正非理性信念,建立理性信念系统,重构正确的价值观。其中,找出非理性信念是最基本的一步,首先找到服务对象的困扰情绪,再发现困扰情绪背后的信念,经过比较,找到其中的非理性信念。

在以上的11种非理性信念中,社会工作者发现服务对象丽丽主要具有"个人绝对要获得周围的人,尤其是周围重要人物的喜爱和赞许""世界上有一些无用、可憎、邪恶的人,对他们应该歧视、排斥,并给予严厉的谴责和惩罚""个体的不愉快均由外在环境因素造成,因此无法消除痛苦和困扰"这3种非理性信念。

2. 驳斥非理性信念

在找到非理性信念之后,社会工作者就要与服务对象一起对非理性信念进行驳斥,使服务对象认识到自己信念的不合理性及非现实性。服务对象丽丽说:"同学很八卦,老在背后议论我。"社会工作者驳斥道:"你觉得同学一直都是以你为中心的吗?你觉得他们不会有其他话题了,你是他们生活中最重要的人,以至于他们必须每句话都要议论你吗?"这个时候,服务对象就会主动去思考自己是否过于敏感。

3. 想象并示范理性信念

让服务对象想象自己正处于特定情绪困扰中,再进一步尝试改变服务对象的非理性信念,缓解和消除服务对象情绪的困扰,最终改变服务对象不合理的信念和行为。

经过驳斥之后,社会工作者可以向服务对象描述一些特定的场景。例如,社会工作者对丽丽说:"现在你可以闭着眼想象一下,你非常认真地在参加考试,同学们也非常认真地在参加考试,考试结果出来了,你还是排到了第三名。"当服务对象再次出现非理性的情绪时,社会工作者就继续驳斥,经过反复驳斥,服务对象会逐渐改变自己的非理性信念。接下来,社会工作者可以用自己的经历给服务对象做出示范,或者采用换位思考的方式,鼓励服务对象尝试理性信念。例如,让服务对象丽丽想象下面的场景:在教室里,自己正在和另外一些同学讨论元旦旅游的事,这时坐在角落的同学一直看着自己,眼神充满了敌意,这时应该怎么做?通过不断地想象、示范和尝试,帮助服务对象逐渐修正自我的非理性信念,纠正自己的消极情绪。

4. 重建理性信念

当服务对象逐渐消除非理性信念之后,就应该鼓励服务对象借助表3-1来重建自己的理性信念。

表3-1 重建理性信念表

环境或事件	非理性信念	情绪反应和行为结果	理性信念	情绪反应和行为结果
同学们在背后说话,还看向了我	在说我坏话	生气、伤心,敌视同学	同学们可能在聊其他的,正好看向了我	主动与同学们打招呼,目光友好

续表3-1

环境或事件	非理性信念	情绪反应和行为结果	理性信念	情绪反应和行为结果
考试成绩排名不是第一	老师偏心、眼光有问题	愤怒、不平,对老师充满敌意	我很优秀,同学们也很优秀	静下心来,专心学习,提高自己
……	……	……	……	……

每当服务对象产生消极情绪时,就用表3-1的形式将情绪和行为罗列出来,并自己做出分析和判断,从而选择理性信念和行为。

通过社会工作者和服务对象多次尝试,服务对象在情绪上有了明显的变化,她不再对身边的人和事那么敏感和多疑,出现问题的时候,首先尝试换位思考,避免让自己钻牛角尖,纠正自己的非理性信念。

三、行为修正模式

行为修正模式以求助者的行为作为分析的起点,关注的是人外显的偏差行为及其可以察觉的原因,探讨求助者不良行为产生的外部条件、机制以及具体发展过程,并发展出一系列技巧来改变人的偏差行为,以便指导求助者调整或矫正其不良的行为方式,更好地适应外部环境。

(一)历史脉络

行为修正模式的理论发展可以追溯到行为主义心理学的产生和运用。早在20世纪初期,心理学家巴甫洛夫(Pavlov)就对动物的条件反射进行了研究,总结出人类行为的部分获得机制,称为反射性条件作用。1913年心理学家华生(Watson)发表了其著名的论文《行为主义者心目中的心理学》,主张用条件作用解释人类的各种复杂行为。在20世纪30年代,另一位心理学家斯金纳(Skinner)发现了操作性条件作用。通过以后的一系列研究,斯金纳把操作性条件作用运用到人类生活的各个方面,并对一些不适应的行为进行矫正。

20世纪50年代以后,一些心理学家开始把行为心理学的原理运用到临床治疗中。到了70年代,社会心理学家班杜拉(Bandura)创立了社会学习理论。以班杜拉的社会学习理论为基础,经过心理学家的共同努力,逐渐形成一种新的行为治疗方法——认知行为治疗。在个案社会工作领域首先对行为治疗进行系统整理和运用的是史华哲(Sehwartz),他在1975年出版了《社会个案工作:一种行为途径》一书,标志着个案社会工作行为修正模式的形成。

(二)理论假设

行为修正模式的理论基础包括三种学习理论,即经典条件作用理论、操作性条件作用理论和社会学习理论,这三种理论都是对人的行为获得的学习机制进行探讨。

经典条件作用又称反射性条件作用,它以无条件反射为基础,与中性刺激建立条件反射。由于人具有语言能力,因此就可以建立以语词为基础的复杂的条件反射系统。强化、消退、泛化、分化和抗条件作用等是经典条件作用理论的基本概念。

操作性条件作用又称工具性条件作用,是指有机体的某个行为会导致环境发生变化,并进而影响有机体的后续行为。如果这种影响是积极的,有机体就会倾向于做出同样的行为;如果这种影响是消极的,有机体就会倾向于抑制这种行为。这样,有机体就可以根据自己行为的后果调节自己的行为。操作性条件作用理论主要涉及影响行为的单元、强化的程序和强化的类型等三个方面的内容。

社会学习理论提出了一种新的学习形式,即观察学习(或模仿学习)。观察学习不同于经典条件学习和操作性条件学习,它强调认知在学习中的作用,认为人的大部分行为是通过示范、观察和模仿获得的。班杜拉研究了观察学习的具体过程和作用,认为观察学习包括四个阶段:①对模仿的行为进行观察的注意阶段;②把观察到的行为信息储存在记忆里的保持阶段;③通过自己的行为组合再现观察到的行为的再现阶段;④确立行为模仿动机的动机确立阶段。班杜拉强调,个体观察模仿行为之后会产生三个方面的影响:①通过认知系统的整理使相关刺激线索连接起来;②通过观察模仿行为产生替代性奖赏或惩罚,从而修正已经习得的行为;③通过观察模仿行为强化已习得的行为。

上述三项理论的基本假设虽然有很大的差异,但它们在一些基本问题上的认识却非常相似。综合起来,它们具有以下一些共同的理解。

(1) 以行为作为理论研究的中心。无论是经典条件作用理论、操作性条件作用理论,还是社会学习理论,都以有机体的行为作为其理论研究的中心,探讨行为习得的条件、过程和规律,不去研究行为背后的人格、动机和自我等问题。

(2) 以学习作为核心概念。三种学习理论都关心行为学习的具体机制和条件,认为有机体的适应行为和不适应行为都是通过学习获得的,要想改变不适应行为或者获得适应行为必须通过具体的学习过程。因此,这三种学习理论认为,学习是实现治疗的手段,行为修正其实是一些获得和消除行为的学习过程。

(3) 强调外部环境在行为习得中的作用。外部环境的刺激必然会导致有机体的特定行为,只要改变外部环境,有机体的行为就会发生变化。因此,通过控制和消除外部环境的刺激因素就可以调整和改变有机体的行为,使有机体产生适应性行为。

(4) 注重可观察和可测量。一种科学的方法必须可以观察、可以测量,否则,就会成为研究者主观臆想的产物。因此,三项理论把行为作为研究的中心,尽可能使治疗方法、过程和结果具体明确,这样,治疗的有效性就可以检验。

(三) 治疗方法与技巧

行为修正的治疗技术比较系统完备,有数十种,主要可归纳为反映性技巧、操作性技巧和综合性技巧三种类型。①反映性技巧主要针对反应行为,具体技巧包括放松训练、系统脱敏法、厌恶疗法、休克疗法等。②操作性技巧主要针对的是操作性行为,其主要技巧包括正增强、负增强、消减、差别增强、相继渐进法、系列分解法、惩罚等。③综合性技巧主张行为治疗应该采用综合的方法,首先对人的行为、情感反应、感官知觉、心像、认知、人际关系、药物、饮食等因素及其互动关系进行综合评估，再决定采用的介入方法。

行为修正的治疗技术中，比较重要的有放松练习、系统脱敏、满灌疗法、自我管理、厌恶疗法、模仿、代币管制和果敢训练。①放松练习是通过求助者的身体放松缓解求助者生理和心理的各种紧张，以克服求助者的焦虑。②系统脱敏就是使求助者在放松状态下逐渐靠近、接触恐惧对象，抑制或消减求助者的焦虑反应，从而帮助其逐渐克服恐惧症状。③满灌疗法又称为暴露法、快速脱敏法，是让求助者直接处于最严重的焦虑状态中，直到其焦虑症状消除。④自我管理要求求助者积极参与行为改变的整个过程，并对自己的行为变化负责。⑤厌恶疗法就是使求助者的不适应行为与厌恶性反应建立联系，以使求助者逐渐回避或放弃不适应行为。⑥模仿包括两个方面：榜样的示范和求助者的模仿练习。因此，模仿通常需要社会工作者的具体指导和示范。首先，社会工作者需要让求助者观察需要模仿的行为，了解各种行为的要点；其次，在社会工作者的指导下，求助者具体练习正确的行为。社会工作者需要及时给予求助者各种行为反馈，不断强化求助者的正确行为反应。⑦代币管制假设一种原无强化作用的刺激物与真正的强化物建立联系后，就会获得强化的作用。与直接强化不同，它能在正确行为出现后及时给予强化，消除直接强化滞后的现象，使得求助者的正确行为反应直接与强化物建立联系。⑧果敢训练又称决断训练或自信训练等，主要适用于人际关系的调整，其目的是帮助求助者在人际交往中顺利地表达自己难于表达的各种正面的或负面的感受，改善求助者的人际关系。

（四）模式评述

行为修正模式从求助者的行为着手，探讨求助者行为产生、发展和变化的规律。与其他个案社会工作理论分析模式相比，它具有明确、可观察、可测量和易操作等特点。经过几十年的不断探索，行为修正模式已形成比较系统的治疗技术，如经典条件作用的放松练习、系统脱敏，操作性条件作用的代币管制、厌恶疗法，社会学习理论的模仿等。对于社会工作者来说，这些治疗技术比较规范，因而也比较容易运用。同时，行为修正模式的任何一项治疗技术都具有明确的操作程序和标准，操作的过程、治疗的效果等也比较容易观察和测量。因此，社会工作者很容易了解自己运用行为修正模式治疗技术的状况，并与他人进行比较分析，做出总结。

虽然行为修正模式仍是重要的个案社会工作理论分析模式之一，但它同时也受到许多人的批评。例如，行为修正模式过分注重求助者的行为，而忽视其内心变化，把人的行为理解成对外部环境的适应，忽视了人与动物的区别，过分注重行为症状的消除，忽视求助者不同的价值观以及其对自己生活的理解和选择能力等。

案例小剧场

龙龙是个14岁的男孩，性格较为蛮横，常常说脏话、打架、偷窃、撒谎、拉帮结伙、欺骗、威胁及攻击老师、未经允许离开课堂、外出晚归等。父母较为着急，向社会工作者求助，希望能帮助龙龙建立良好的亲社会行为，消除与过去行为类似的反社会行为。

使用方法：代币管制。

通过接触发现，龙龙喜欢争强好胜，有较强的荣誉感，喜欢动漫小贴画和旅游。因此，社会工作者以动漫小贴画作为代币，拟定代币交换系统，具体如表3-2，并告知龙龙，如果他在一天内说脏话不超过五次，就会奖励他一个小贴画；如果超过五次，第二天父母便不给零花钱。最后不断强化，使龙龙逐渐修正自己的不良行为，直到不再说脏话。

表3-2 代币管制使用方法表

贴画发放及处理办法	正强化物
每天说脏话不超过五次就发放一张贴画；如超过，第二天父母便不给零花钱。	如果积累到10张贴画，可以任选市内一个旅游景点去玩。如果积累到20张贴画，可以任选省内一个旅游景点去玩。

四、人本治疗模式

人本治疗模式的影响非常广泛，被认为是继弗洛伊德心理分析、行为治疗模式之后的第三种心理学思想流派。人本治疗模式的理论来源主要是人本主义心理学，在实际的个案辅导治疗过程中，经过不断运用和总结形成了其独特的治疗模式。人本治疗模式强调的是社会化过程中的问题导致了个人的问题。它对人持非常积极乐观的看法，提出"非指导性辅导"，认为辅导的目标是帮助当事人更为独立和整合，能按自己的意愿办事。它注重当事人本身，而不是长久呈现的问题。美国心理学家罗杰斯（Rogers）认为，治疗的目的不仅在于解决问题，而且还要协助当事人成长，这样他们就更能解决目前与将来所要面对的问题。

（一）历史脉络

人本治疗模式是由罗杰斯创立的，其理论分析模式的发展大致可划分为四个阶段：非指导性治疗阶段、当事人中心治疗阶段、治疗的条件阶段和以人为中心的治疗阶段。

非指导性治疗阶段大致从1940年到1950年，在此阶段罗杰斯提出一种与传统的心理分析治疗模式不同的治疗方法，称为非指导性治疗，认为个案社会工作者应尽可能地不表露个人的观点和意愿，减少对求助者的影响，以促进求助者的自然成长。当事人中心治疗阶段从1950年到1957年，在这一阶段罗杰斯开始逐渐把自己的注意力从治疗技术的运用转向对个案社会工作者品质的强调。从1957年至1970年，罗杰斯开始着重探讨治疗效果产生的充分必要条件，注重社会工作者与求助者的伙伴关系，强调双方情感和体验的相互交流。从1970年起，罗杰斯开始把自己的理论运用到其他领域。1974年罗杰斯将他的以当事人为中心的治疗模式改名为以人为中心的治疗模式（又称人本治疗模式）。在这一阶段，罗杰斯认为，个案社会工作者可使用一些有影响性的治疗技术，如自我表露、提问和反馈等，认为只有通过社会工作者的积极参与，才能使求助者体会到被接纳的感受。

(二) 理论假设

人本治疗模式是人本主义心理学在治疗领域的运用和发展,其主要的理论假设包括对人性的看法以及自我概念、心理适应不良和心理失调等基本概念。

(1) 对人性的看法。人本治疗模式强调,人的本质是好的,人具有能力发展自己,能够和谐地与别人合作并逐渐变得成熟。在生理方面表现为一切生物所共有的发展动力,在心理方面则表现为人所特有的充分发挥自身各种能力的自我实现倾向。

(2) 自我概念。罗杰斯把自我概念界定为服务对象对自己的看法,包括服务对象对自己的知觉和评价、对自己与他人关系的知觉和评价以及对环境的知觉和评价。自我概念是一个动态的发展过程,是通过他人的态度和反应方式的影响而形成的。

(3) 心理适应不良和心理适应失调。当他人的价值标准内化为服务对象的内心要求时,就会使服务对象的自我概念与真实的经验和感受相冲突。为了维护自我形象,服务对象通常借助曲解或者否定等方式保持自我概念与经验的表面一致,这时的内部心理状态称为心理适应不良。如果服务对象的自我概念与真实经验之间的冲突进一步加剧,无法再维持表面上的一致,这个时候服务对象就会面临极大的困扰和不安,严重的还会导致心理适应失调。

(三) 治疗方法和技巧

人本治疗模式以创造和谐、接纳和真诚的合作辅导关系为中心。罗杰斯认为,社会工作者在辅导过程中不是治疗求助者的问题,而是关注求助者本身的发展;社会工作者不应以专家身份自居,而应该帮助求助者开发其内在的资源,促使求助者逐渐成熟。因此,在具体的治疗过程中,人本治疗模式体现出明显的非技术化特点,强调社会工作者本人良好的态度表达、良好工作氛围的营造以及平等关系的构建。

人本治疗模式注重社会工作者与求助者的合作关系,希望凭借融洽、接纳和轻松的辅导环境帮助求助者成长。罗杰斯对此进行了专门的研究,从自己的临床实践中得出促使求助者改变的三项充分必要条件,即同感、真诚和无条件的爱,这些条件主要涉及六个方面的内容。

(1) 两人有心理上的接触。

(2) 当事人表现出表里不一,陷入焦虑或感到不安。

(3) 社会工作者在治疗中表现得表里如一。

(4) 社会工作者对当事人提供无条件的尊重或真正地关怀当事人。

(5) 社会工作者对当事人的内在参考框架有正确的了解,能深刻体会后者的主观经验和心理状况,并能尽力就这些与当事人有效地沟通。

(6) 当事人感到社会工作者能感同身受,有无条件的关怀。

罗杰斯认为,以上这些要求是保持个案辅导工作有效的充分必要条件,如果缺少其中的任何一项,个案辅导的效果就会大大下降。

人本治疗模式以非指导性影响技巧为主要的辅导技术,包括倾听、释意、澄清、情感反映和自我揭示等。在人本治疗模式的发展初期，社会工作者的自由度比较小，主要采用倾听和情感反应等技巧，社会工作者应避免表露自己的价值观、意见和情感。

（四）模式述评

人本治疗模式是最具影响力的当代个案社会工作理论分析模式之一，它的影响不仅表现为许多社会工作者在实际个案辅导工作中采用这种模式，而且其他个案社会工作理论分析模式都受到这种治疗模式的启发和影响。人本治疗模式的贡献是多方面的，其主要的成就是提供了理解个案社会工作的新视角，强调从求助者角度理解求助者，注重社会工作者的品格以及社会工作者与求助者的融洽、接纳的合作关系。另外，人本治疗模式所主张的对人性抱有积极的态度、鼓励求助者主动地感受和表达等，都对求助者的改变起到积极的作用。因此，人本治疗模式特别适用于人际关系欠佳、自我形象不好以及缺乏自信心的个案辅导工作。

人本治疗模式在受到许多赞扬的同时，也遭到一些批评，例如，对人性的基本假设缺乏根据、对辅导技巧的忽视以及对社会工作者的限制等。另外，人本治疗模式对于求助者内心变化的探讨显得有些不足，在实际个案辅导过程中很难准确把握求助者所处的精神状态，无法及时给予其有效的帮助。

案例小剧场

王岳，男，13岁，刚上初一，小学升初中时，没能进入理想的学校，对新学校产生了很强的抵制心理，不完成作业，老师在全班同学面前批评了他，由此开始逃课，不去学校，常去网吧。王岳性格较为内向，与同学交往较少，个人兴趣不广，自尊心很强，自我意识强烈，心理承受能力不强。

罗杰斯的人本治疗模式认为，每个人都有一种先天的自我实现能力，都有一种无穷的潜能，只要有了适宜的环境，人的潜能就会发挥出来，人的自我就能得到实现。因此，对于暂时遇到问题的人来说，应该相信他有足够的能力可以克服，只要为服务对象提供一种良好的专业氛围就足够了。

依据人本治疗模式，社会工作者首先布置了会谈环境，营造舒适的氛围，包容服务对象的抵触情绪，尝试慢慢地与服务对象建立接纳、融洽的专业关系。慢慢地，社会工作者开始把话题转移到上网方面，王岳不是很乐意谈这方面的话题，故意把话题转到其他方面。几经周折，社会工作者又把话题带回来。王岳终于说到自己在实际生活中找不到任何寄托，又不想去上学，只有在打网游的时候，才觉得自己有价值、有存在感。王岳说："我离不开网络了。"这时，社会工作者也不要求他以后不要上网，尝试问他"有哪些好朋友啊""和家人的关系怎样啊"之类的问题，从中发现服务对象很多真实的想法。这时，社会工作者更多扮演了一个聆听者的角色。王岳说了很多，觉得生活中很少有人真正地关心他，觉得很孤独。这时，社会工作者更多运用同理心去开解服务对象，体谅服务对象的感受，并适当给出建议，社会工作者的角色发生了改变。正如罗杰斯所说，一个优秀的专业治疗者应该具备三种品质：同感、真诚、无条件的爱。

在后续的工作中，社会工作者更多的是鼓励服务对象建立自信心，认识自我，让其慢慢地消除自我疏离、自我贬抑、自我挫败的情绪。首先，社会工作者协助他订立一个上网计划，内容大概是下个月要减少半个小时的上网时间，再下一个月再减少半小时的上网时间。当服务对象觉得困难的时候，社会工作者主要扮演支持者的角色，不断地鼓励他，并且尊重他的意愿，适当调整计划，也经常鼓励他要有信心去完成目标，实现计划。三个月后，服务对象能每天控制上网时间在 5 个小时之内。从每天上网时间在 10 多个小时，减少到每天 5 个小时之内，这对服务对象来说是一个巨大的改变。由此可见，人本治疗模式可引导服务对象自我实现，这种自我实现是自我潜能的发挥、自我愿望的实现。

五、家庭治疗模式

家庭治疗模式以整个家庭为治疗单位，通过改变家庭的结构与交往方式以发挥家庭的功能，从而使个别家庭成员的问题真正得以解决。家庭治疗以系统理论为基础，因为只有把家庭看成一个独特的组织时，才会出现可以与个体治疗相区别的家庭治疗。家庭治疗兴起于 20 世纪 50 年代，涵盖多个流派，此处重点介绍结构式家庭治疗法与联合家庭治疗法。

（一）结构式家庭治疗法

1. 历史脉络

结构式家庭治疗法（Structural Family Therapy）是由米纽秦（Minuchin）于 20 世纪 60 年代创立的，到了 70 年代，结构式家庭治疗法已经盛极一时，成为家庭治疗领域中最具影响力的模式。米纽秦不仅有丰富的临床治疗技巧和经验，而且其理论基础与治疗原则也相当清晰扎实。

2. 理论假设与基本概念

结构式家庭治疗法假设家庭的动力和组织方式导致个人问题的产生。因此，可以通过改变家庭的动力和组织方式，来解决个人与家庭的问题。它的基本概念主要有：

第一，家庭系统。家庭是一个由其成员组成的系统，成员间的相互依赖和相互影响赋予了家庭特有的功能，这个功能又会影响到其成员的变化。

第二，家庭结构。家庭结构是由家庭成员在日常生活过程中慢慢形成的，它通过家庭成员的一些行为角色和互动规则表现出来，并制约着家庭成员的交往过程。家庭结构可以说是固化了的互动关系。

第三，家庭系统边界。家庭系统有自身的边界，使之可以与周围的环境区别开来。家庭的子系统也有边界。边界的存在决定了子系统内成员之间、各子系统成员之间的角色分工和权利义务的关系。

3. 治疗目标

治疗目标的拟订是与对家庭问题的基本认识联系在一起的。结构式家庭治疗法认为，不良的家庭结构是造成家庭成员问题的真正原因。最常见的不良家庭结构主要表现在纠缠和疏离、联合对抗、三角缠、倒三角关系等方面。

纠缠和疏离指的是家庭的各个子系统之间的边界模糊或不当，以致带来成员之间的关系建立不当，或者过度地卷入彼此的生活，或者彼此缺乏联结的纽带，相互孤立，而且与社会系统也疏离。纠缠和疏离往往表现为家庭某些成员结成同盟，而与其他成员相对疏远，甚至对立。如果他们长期与家庭某成员结成同盟而不分是非地去与另一个成员发生冲突，家庭便会出现联合对抗的现象。在联合对抗时，对阵双方往往感情用事，不分是非，只求压倒对方。三角缠指的是在两个家庭成员的互动中，要通过第三方来实现，比如夫妻间的沟通要通过子女来传话，或者对夫妻关系的不满通过打骂子女来发泄。倒三角关系描述的则是由于父母不合或者性格软弱等，家庭违反常态，不是父母支配子女，而是子女支配父母，或子女与家长互相争权的现象。

针对上述问题，治疗有两个目标。一是减少功能不良的症状，二是通过调整家庭的互动规则并建立更恰当的边界来引发家庭结构的改变。家庭应努力改变那些控制互动形态的规则，使成员们有清楚的边界。在辅导纠缠状态的家庭时，目标在于协助个体增进个人独立的程度。在辅导疏离状态的家庭时，目标在于增进成员间的互动，使僵化的边界能够松动，并建立起另一个畅通的边界。结构上的改变也能解决联合对抗、三角缠和倒三角关系等问题。

4. 治疗过程

结构式家庭治疗法的过程包括进入、评估及介入三个方面。这三个方面不是截然分开的三个环节，而只是一个大致的先后次序。在实际治疗中，经常会在同一时间处理这三方面的任务。

（1）进入。

结构式家庭治疗法把核心放在把握家庭的结构上，但结构并不是直接可以看到的，而是在家庭成员日常生活交往方式中表露出来的。所以要了解家庭的结构，一定要进入家庭的现实环境，去观察他们的言行与交往方式，才能准确把握家庭的结构。

社会工作者在家庭治疗中有三种立场与角色，这三种立场与角色有不同的意义，社会工作者往往交叉地应用这三种立场与角色，以达成促使家庭结构变化的目的。第一种是贴近的立场，即社会工作者犹如家庭中的一个成员，表达自己对家庭结构、联盟、规则的看法。社会工作者会代表个别家庭成员坦白地说出心里的感受与看法。第二种是中间的立场，即社会工作者作为家庭问题的调查研究者，采取一个中立的、主动聆听的立场，以了解家庭成员的看法、感受、关系等。第三种是远离的立场，即社会工作者是作为专家对家庭进行指导与治疗，会像导演一样让家庭重演他们交往的模式或指导他们尝试用新的交往方式去沟通。这三种立场是澄清、解决家庭问题所需要的，社会工作者应根据实际情况灵活地转变其立场。在结构式家庭治疗法中，社会工作者主导着家庭的交往过程，扮演着相对活跃的指导、控制、操纵角色，而不是一个虚心倾听的角色。

（2）评估。

评估的目的是在收集资料的基础上对家庭问题做一个判断，类似于诊断。结构式家庭治疗法根据其理论，提供了评估的基本框架，具体如下：

①家庭的形态和结构。社会工作者要了解家庭的形态，包括家庭的大小，家人的受教育程度、工作性质、社会经济阶层，家庭特有的文化、特色、价值观、优点和缺点等。社会工作者要找出家庭的结构，例如家庭内的联盟、对峙情况、边界是否清楚、家人对家庭的归属感及与整体家庭的配合、权力架构是否清楚以及分工是否合理等。

②家庭系统的弹性，指家庭的适应与转变能力，例如家庭遇到压力时能否适应并重组结构。

③家庭系统的回馈，指家庭对个别成员的需要、感受、行为和思想的敏感程度。

④家庭生命周期。使治疗者更清楚家庭问题之所在，由此可帮助家庭根据家庭生命周期做出调整。

⑤家庭成员的症状与家庭交往方式之间的关系。结构式家庭治疗法假设个别成员的问题产生于家庭功能失调与不良交往方式，所以不应过分关注个人的问题本身，而要考察个人问题与家庭交往方式之间的关系。

（3）介入。

介入是治疗的过程，具体的治疗目标是由家庭与社会工作者共同制定的。从大的方面来说，结构式家庭治疗法有三大目标。

①改变家庭的看法。结构式家庭治疗法虽然不是认知疗法，但仍重视转变家庭的观念。一般认为问题的关键在于有症状的家庭成员，而社会工作者却认为问题出在家人交往方式上。为了改变家庭的看法，让家庭认识到个别成员的问题与家庭交往方式之间的关系，治疗经常使用重演的方法。在此过程中，社会工作者要特别注意引导家庭成员直面问题。

②改善家庭的结构。家庭的一个主要问题是某些家庭成员过分疏远或过分纠缠，从而影响了与其他家庭成员之间的关系以及整个家庭功能的发挥，所以家庭中各个次系统边界的建立以及边界的可渗透性是很重要的。社会工作者在治疗中应该帮助建立必要的边界或使边界不致过分僵化。

③改变家庭错误的世界观。家庭有它本身的期望、要求、价值观与道德观，社会工作者应帮助家庭成员改变那些错误的世界观。

5. 模式述评

结构式家庭治疗法的巨大影响，固然与米纽秦的治疗天赋有关，但其理论基础的单纯可行也功不可没。结构式家庭治疗法提供了一个相对简单的分析框架与治疗方案，即使一个新手，只要根据家庭互动过程的框架就能进行治疗，无需就各个不同个案采用不同的技巧。研究表明，结构式家庭治疗法对儿童精神异常、心因性厌食症、戒毒等都有相当好的治疗效果，这是该模式长盛不衰的重要原因。米纽秦退休后，为了纪念他，纽约的家庭治疗中心被命名为米纽秦家庭治疗中心，并成为世界的家庭治疗中心。结构式家庭治疗派人才辈出,该模式至今仍是家庭治疗领域中的主流模式。

结构式家庭治疗法有一个理想的家庭结构模式,就是西方中产阶级核心家庭,这也使得这一治疗法带有相当的保守性。从历史来看,人类的家庭形态在不断变化,核心家庭是在西方工业革命后成为主导家庭形态的。随着单亲家庭的增多,西方家庭形态正处在重大变化过程中。所以把某一历史阶段中的家庭形态作为最理想的家庭模式来推广,确实有一定的局限性。而且西方中产阶级核心家庭往往以父亲为主轴,而对这种家庭形态的推崇具有强化父权与男权的倾向。

案例小剧场

一位父亲抱怨其青春期儿子的行为:

父亲:真不想承认他是我的儿子,脾气暴躁又叛逆。

社会工作者:谁把他教成那样的?

社会工作者并不接受父亲的一面之词,把责任完全推到儿子身上,而是引导他去思索家庭成员互相影响的模式,让父亲能从自己可控制的部分去思索:如果他能更尊重儿子一些,少在儿子面前发脾气,也许儿子的脾气就不会这么糟糕。在分析问题时,人们很少能够分析自己,常常会以糟糕的态度批评别人,很难看出自己和他人互动之间的问题。社会工作者就需要唤醒他们,改变家庭的看法。

(二)联合家庭治疗法

1. 历史脉络

联合家庭治疗法(Conjoint Family Therapy)也叫萨提亚模式(The Satir Model),由美国著名心理治疗师弗吉妮娅·萨提亚(Virginia Satir)女士创立。萨提亚是引入家庭治疗(Family Therapy)的先驱人物之一,在家庭治疗的发展史上占有重要的地位。

萨提亚最初所受的教育使她深受心理分析学派的影响,但在工作中她逐渐发现了这种方法的局限性。1951年她摒弃了传统个别治疗的方法,转而尝试家庭治疗,发觉效果良好。萨提亚的创新在当时遭到了很大的阻力,也引来了大量的批评。1959年,萨提亚举办了历史上第一个家庭治疗的训练课程,在1964年出版了经典著作《联合家庭治疗》(*Conjoint Family Therapy*),这本书被誉为家庭治疗的"圣经"。萨提亚的家庭治疗模式也逐渐受到全世界的欢迎。

2. 理论假设与基本概念

联合家庭治疗法的理论假设主要集中在三个方面,即对人的理解、对困难的理解以及对家庭的理解。

(1)人性观。

关于潜能。萨提亚相信人的潜能,对人性是乐观的。她认为人渴望自尊、渴望满足自己,也渴望与他人建立关系。她相信人是善良的,每个人都有各种能力和资源使自己能够过快乐和建设性的生活。

关于人性。萨提亚相信普遍的人性。她认为,每个人都有价值的感觉,包含正向或负向在内;每个人都有沟通;每个人都遵循规则;每个人都与社会联系。

关于家庭。萨提亚认为家庭是塑造人性的工厂。

(2) 自我价值。

萨提亚把对自己的感觉和想法,称为自我价值。个人良好的自我观念与自我评价是个人及家庭心理健康的基础。一个人的感觉、情绪与行为最终是由其自我价值决定的。当某个家庭成员的自我价值感低落的时候,就会影响其自我功能的发挥,同时也常常会妨碍整个家庭功能的发挥。联合家庭治疗法的最终目的就是要提升家庭成员的自我价值感。

(3) 人的基本需要。

每个人都有一些基本的生理与心理需要,特别是爱与被爱的需要、被人欣赏与重视的需要,这种需要超乎种族、性别与年龄。当人的基本需要在成长过程中被残酷地拒绝时,就会引发一系列的问题,最终结果就是人的自尊的低落与丧失。

(4) 家庭规则。

萨提亚把人们决定应该如何感觉、如何行动的规则称为家庭规则。家庭规则常常表达为"应该如何如何"或"不应该如何如何",是掌管家庭互动关系中的强有力的信息。每个家庭都会形成一些家庭规则,一般不用专门制订和明确宣布,而是在家庭成员长期的互动中形成的,家庭成员往往心照不宣地遵守这些规则。好的家庭规则符合人性,具有弹性,能适应不同的情境。但有些家庭规则,如"不可表达愤怒的情绪""当大家高兴时,你也应该高兴"等,则过分压抑人性,将会导致低下的自我价值感。

(5) 沟通形式。

萨提亚把人们如何与人来往称为沟通。萨提亚认为,良好的沟通需要兼顾自我、对方以及情境三个方面。良好的沟通是一致性的沟通,在这种沟通方式中,所说的话、脸上的表情、身体姿势及声调都保持一致,令双方感觉舒服。而不良的沟通方式则多少忽略了其中某一方面,从而对传递者与接受者造成损害。四种常见的不良沟通方式是讨好型、责备型、超理智型、打岔型。萨提亚认为,通过改善沟通技巧可以达到提升家人自我形象的效果。联合家庭治疗法的特点就是进行直接沟通的示范,并让服务对象模仿,从而学会良好的沟通方式。

(6) 人对事物的反应过程。

人是由身体、心灵、情绪、感觉、精神等不同的部分构成的,这些不同部分并非孤立地存在,而是密切联系与相互影响。例如,一对夫妇争吵,起因是每当妻子觉得丈夫不理睬她时就会无缘无故产生愤怒的情绪。暂且不提妻子愤怒的真正原因,先看一下妻子产生愤怒情绪的过程。

事件:有一件客观发生的事情,如丈夫坐在沙发上看报纸,不说话。

图像:妻子在头脑中产生了一幅图像,丈夫只注意报纸,不跟自己说话。

解释:对这一图像妻子做出一个解释,他一定是不关心我,才不理睬我。

感受:由这一解释妻子产生了一种感受,即受伤害的感受。

对感受的感受：对原有感受的感受，因为觉得受到伤害而感到愤怒。

行为：由情绪导致行为，如指责丈夫，挑剔他的错处。

3. 方法与技巧

萨提亚认为，人们当今的行为可以从他早年的家庭生活经验中找到原因，而只有找到原因并进行妥善的澄清与处理，才能真正解决问题。比如前面列举的妻子因丈夫埋头看报而觉得受忽视的例子，如果追溯她童年的经验，可能发现，当父亲不理睬她的时候，她就觉得被拒绝。这样就找到了当前行为的家庭历史原因。

找到历史原因后，接着就需要对旧经验赋予新意义，即用新眼光看旧问题。如在上例中，帮助这位妻子明白和接受父亲在她童年时的行为。如了解与认识到父亲可能是工作繁忙，也可能是本身成长经验的局限，不善于表达情感，并不是真的拒绝她。接下来就是把重新阐发过的新经验应用到对当前行为的理解上。

萨提亚认为，对旧经验的重新阐释与领悟，并不一定带来新行为，这是因为仅仅有理性的认识并不能使人真正改变。人们往往知道自己应该怎样做，但在实际行为中却做不到。为了能真正地改变，必须把这种领悟统合到个人现在的系统中，来实现个人的真正体悟。在这方面萨提亚有很多技巧，比如沟通游戏、角色扮演、模拟家庭会谈、家庭塑像等。家庭重构的主要目的在于通过角色扮演，重演家庭中曾发生过的一些事情，使服务对象重估过去的经验，从而改变自己原有的感受。角色扮演也使服务对象得以直观地了解其父母或其他人的成长背景及经验，了解他们曾经有过的梦想、希望、喜乐及伤痛，从而对他们的某些行为做出更准确的理解，而不是采用臆测、批评、指责的态度。

家庭重构首先需要准备家庭历史资料，如家庭图、家庭年表及影响轮。家庭图包括服务对象的核心家庭及其父母的核心家庭的资料，其中除了个人的基本资料外，还包括个人惯常的沟通形式以及服务对象评价每个人的五六个形容词。家庭年表所列出的是从祖父母出生开始在家庭里发生的大事，例如出生、死亡、疾病和迁徙等，也包括同时期社会上的大事，例如战乱、经济衰退和政府更替等，这是为了将家庭的事情放在一个更大的范围内去了解。影响轮则列出了服务对象认为曾经对其成长有重大影响的人以及服务对象与他们之间的关系。

4. 模式述评

多年以来，萨提亚是发展出完整的家庭治疗模式的唯一女性。她的取向因为强调关系而受到大众的欢迎，因为其他的家庭治疗法不是太超脱，就是太强调权力取向。她相信改变深植在我们内心中，往往会延伸到与别人的关系上，最后则会改变世界。萨提亚注重实践，她辅导过的家庭超过 5000 个，这使她的治疗法有坚实的实践基础，广受欢迎。早在 20 世纪 70 年代，美国精神医学会已把她列为最具影响力的治疗师。她的疗法重视人的内在过程和与他人的互动，在治疗技巧的运用上富于弹性和创意。过去 10 年间，在亚洲各地，学习和使用她的治疗模式的人越来越多，实践经验证明，它不只是一套仅适合西方文化的心理治疗法。她的治疗模式除了运用到一般的婚姻与家庭治疗中，在美国或其他地方也被应用到青少年辅导工作、防止酗酒和吸毒、精神病康复、矫治等工作领域。

案例小剧场

爸爸已经50多岁了，一直想要女儿出人头地。女儿正在读初二，最近成绩一落千丈。父母发现她和学校里的"小混混"在谈恋爱，爸爸要求女儿与"小混混"分手，与女儿发生了矛盾。爸爸很是失望、生气。

爸爸：现在就开始谈恋爱，还跟个"小混混"一起，真的是越来越不像话了，还能有啥出息。

女儿：反正我也没出息，我脑子有问题，那我就不去上学了……

母亲：她脑子没问题，只是有时候爱玩儿，很多事情就是我在替她收拾。

父亲：就是因为你替她做事情，她现在啥事都做不好……

此时，家庭的互动模式与问题系统已经反映出来。父母与孩子之间的交往不良，父母的教育方式不一致，爸爸责备，妈妈袒护，且家里面爸爸的话语权高于妈妈。

社会工作者：你第一次谈恋爱是在什么时候？

女儿：小学六年级吧。

（父母很是惊讶，知道女儿谈恋爱，却没想到这么早就在谈恋爱了，真是社会不良因素影响了她。）

社会工作者：孩子上小学的时候成绩还第一名呢，这次小升初考试，也考得很好，那看来不是谈恋爱影响了孩子的学习，影响因素肯定还有其他的……你们对孩子的期望是什么呢？

爸爸：考上大学，不要像我们一样没钱没权，被别人瞧不起。

妈妈：先升入高中吧。

女儿：我想做一个像周杰伦一样的歌手……

在第二次干预中，社会工作者使用了角色扮演技巧，让亲子之间互换位置思考，让父母知道要尊重女儿，多去倾听女儿的心声；也让女儿知道，想要实现梦想，先要好好学习，逃学不仅不能帮她实现梦想，也会让父母很难过……之后还给家庭布置了家庭作业，要全家人一起制订一个家庭成长计划。

经过五次服务，取得了一定的效果，父母与孩子的沟通方式发生了一定的变化。父母不再责备孩子，同时父母在教育孩子方面也会合作；孩子有了更多的信心，掌握了学习技巧，正在全力准备期末考试。

第三节 个案社会工作的过程

个案社会工作程序就是开展个案社会工作的基本步骤。国内外学者对个案社会工作程序有不同的划分，但总体而言，无论什么样的划分，个案社会工作必须经过这样的程序：初步接触与建立关系，收集资料与问题评估，制订服务计划，开展服务，评估与结案。需要说明的是，划分出这些阶段并不意味着各个阶段之间是截然分开的，而是希望展现和了解各个阶段的主要特点和突出的作用，因为上一个阶段任务完成不好就会影响下一个阶段任务的完成。

一、初步接触与建立关系阶段

首先要做的是，倾听求助对象的要求，初步评估求助对象的问题，与有需要的求助对象协商，看其是否愿意成为自己的服务对象，并且与服务对象建立专业合作关系。这个过程就是社会工作通常所说的初步接触与接案，即接受求助对象的申请，并且把有需要的求助对象纳入个案社会工作程序中。具体而言，这个过程包括求助对象的服务申请、接案以及专业关系的建立三个具体的步骤，每个步骤都有自己的工作重点。

（一）求助者的服务申请

对于前来寻求帮助的求助对象，首先需要了解他们的愿望，用心倾听他们的诉求，进行简要的评估，确定是否需要立即给予必要的帮助，如求助对象是否需要帮助、需要什么样的帮助、需要帮助的迫切程度如何等，对求助对象有一个总体的了解。如果求助对象确实需要及时的帮助，就需要提醒求助对象提出正式的服务申请。求助对象提出服务申请的方式既可以是书面的，如填写机构的服务申请单；也可以是口头的，如提出服务申请，由社会工作者填写，或者向求助对象口头确认服务申请的需要。

（二）接案

对于那些有需要立即寻求帮助并且正式提出服务申请的求助对象，应给予及时、必要的鼓励，增强其改变的动力和信心，促使其成为能够获得机构有效服务的服务对象，这个过程就是社会工作的接案。在接案过程中，通常面临三项基本的任务：鼓励求助对象积极面对改变、明确求助对象的改变要求和确认求助对象的受助身份。

（三）专业关系的建立

从初次与求助对象接触、倾听求助对象的要求到接受求助对象成为机构的服务对象，在整个过程中有一项非常重要的任务，就是专业关系的建立。专业关系建立的成功与否，将直接影响服务对象进一步寻求帮助的动力和信心。为此，在与服务对象的初次沟通协商过程中应专注聆听服务对象的困扰，注意运用简洁明了的语句表达自己的同理和接纳，避免将求助对象界定为有问题的人。另外也要充分尊重求助对象自己的意见，让其自己决定是否接受机构的专业服务。

案例小剧场

小铭，男，10岁，小学四年级。最近班主任反映，小铭上课总是迟到、开小差，前几天还与同学打架，老师批评时还顶撞老师，严重影响到了班级秩序，希望社会工作者能够介入。

在这个案例中，张某的班主任替代小铭寻求帮助，但小铭本身并不认为需要帮助。首先需要评估小铭及其家庭的生活状况，确定小铭是否需要帮助。确定了小铭需要帮助之后，就需要与小铭的父母联系，看看父母希望小铭改变什么，把整个家庭作为个案社会工作的对象。

二、收集资料与问题评估阶段

收集资料与问题评估是指详细收集与服务对象问题有关的资料，并对服务对象问题的成因和发展变化过程进行评估，从而对其问题做出诊断的过程。它包括三个方面的工作重点：收集服务对象的有关资料、服务对象问题的预估以及对服务对象问题的诊断。

（一）收集服务对象的有关资料

在收集资料时，要同时关注服务对象的个人情况及其所处的环境，观察和分析两者的互动状况。个人资料包括服务对象生理、心理和社会方面的情况，环境资料包括服务对象所处的家庭、同辈群体、社区以及学习和工作环境等。还应收集个人与周围环境的互动情况，如周围环境给个人提供的机会和条件以及个人运用周围环境资源的状况。

（二）服务对象问题的预估

其指依据收集的资料对服务对象的问题以及形成原因和发展变化过程进行分析，整理出服务对象问题形成和变化的逻辑。资料分析通常有横向和纵向两个维度：横向就是分析服务对象问题形成的生理、心理和社会层面的影响，纵向就是分析服务对象问题产生发展的过程，包括服务对象的问题从什么时候开始、其中经历了哪些重要的影响事件以及服务对象曾经做过什么样的努力等。只有同时结合横向和纵向两个方面的分析，才能对服务对象的问题做出准确的预估。

（三）服务对象问题的诊断

在完成服务对象问题的预估之后，还需要诊断服务对象的问题，即从专业的角度对服务对象问题的成因做一个推断，并就需要改善的方面提出建议。诊断的内容通常包括服务对象问题的主要表现及其成因、服务对象的能力和环境中拥有的资源、实施干预的建议等。

课堂练习

当事人小汪来到社会工作中心求助，说他入赘到妻子家与岳父岳母一起生活，岳母帮他们带孩子。岳母的很多生活方式他都看不惯，还教孩子说脏话骂人，但是自己现在又没钱带着孩子和老婆搬出去住，感到很苦恼。如果您是社会工作者，应该收集当事人哪些方面的资料？

步骤：
1. 请按三至四人组成小组。
2. 围绕上面提出的问题几个组分别进行角色扮演，进行讨论。
3. 全班分享。
4. 老师总结。

三、制订服务计划阶段

制订服务计划阶段通常包括三项主要任务：制订服务计划、安排服务面谈以及签订服务协议。

（一）制订服务计划

服务计划一般包含以下内容：一是服务对象的基本情况，包括服务对象的姓名、性别、年龄、婚姻状况和职业等情况；二是服务对象希望解决的问题，包括主要问题以及其他一些相关的问题；三是理论依据，包括依据的主要理论、基本原理和重要概念；四是服务计划的目标，包括总目标和每一阶段的子目标；五是服务开展的基本阶段和采取的主要方法，包括各阶段需要解决的问题、采用的主要方法、预计达到的成效以及发掘和运用的资源；六是服务开展的期限，包括每一次和每一阶段的时间安排以及总的时间期限；七是联系方式，包括直接见面和不直接见面的联系方式。

为制订好服务计划，需要力求做到：准确分析服务对象的需要和问题，明确服务工作的目标、阶段和方法，熟悉服务机构提供的具体服务及其具备的能力，了解服务对象拥有的资源。在服务计划制订过程中，需要创造条件鼓励服务对象参与。

（二）安排服务面谈

在服务计划制订中要统筹协调好服务面谈内的安排与服务面谈外的安排，使其能够相互配合、相互促进，其中涉及以下主要工作：一是每次服务面谈结束之后，给服务对象设计和布置行动任务作为服务面谈外的任务。二是在每次服务面谈的开始阶段，安排一定的时间用于回顾和总结服务对象前一次行动任务完成的情况。三是在每一次服务面谈中，针对服务对象行动任务的完成情况给予面对面的指导。四是每次服务面谈结束之前，让服务对象了解下一次行动任务的要求和要点。服务面谈外的任务既可以主要针对服务对象，也可以针对服务对象周围的他人，甚至同时涉及两者。

（三）签订服务协议

服务协议不仅是服务对象获得有效服务的规范化保障，同时也是敦促服务对象参与服务过程与积极配合的必要保证。服务协议的形式可以是书面的，也可以是口头的，内容通常包括服务目标，服务的内容和采用的方法，服务双方应有的权利和义务，服务的地点、时间、期限和次数等的约定。

在实际个案社会工作中，通常采用口头的服务协议方式。这种协议方式的要求并不像书面服务协议那样严格，只要服务双方具有共同认可的工作目标、基本的权利和义务以及基本的服务安排，就可以开展具体的个案服务活动，并不一定需要签订书面协议。

四、开展服务阶段

此阶段实际是计划的执行阶段。在这个过程中，需要完成三项主要任务：推进服务、扮演合适的专业角色和维持良好的专业合作关系。

（一）推进服务

推进服务是指根据服务计划的安排，运用专业的服务技巧逐步推动服务对象发生积极改变的过程。在此过程中，除了需要根据服务计划制定的目标和步骤逐步推进服务，还需要针对服务开展过程中的实际情况调整服务的节奏和策略。一般而言，应遵守以下几项原则。

（1）从能做的开始。在实施服务计划时，需要选择服务对象擅长做的或者能够做的作为服务开始阶段的任务，以减轻服务对象因改变带来的担心和焦虑，先通过一次微小的改变来增强服务对象的改变动力。

（2）从愿意合作的着手。社会工作既注重服务对象的改变，也关注周围他人的调整。从愿意合作、改变的人入手实施服务计划，以一方的改变来推动另一方的改变。

（3）采取综合的服务策略。周围他人的改变为服务对象的改善创造了有利的条件。就服务的成效而言，服务对象的改变及其效果的维持都离不开周围他人的支持。

（二）扮演合适的专业角色

随着服务的逐渐推进，会遇到多种不同的实际情况，社会工作者需要根据服务的具体要求扮演不同的专业角色，以推动服务计划顺利实施。经常扮演的专业角色有以下几种。

（1）使能者：运用自身拥有的专业知识和技巧，调动服务对象自身的能力和资源，促使服务对象发生改变。

（2）联系人：帮助服务对象与拥有资源的服务机构联系，保证服务对象能够获得合适的服务。特别对于那些面临多重生活困扰或者需要转介的服务对象来说，社会工作者常常需要扮演这种专业角色。

（3）教育者：指导服务对象学习处理问题的新知识、新方法和新技能。

（4）倡导者：利用自己的身份和权利倡议机构实行改革，为缺乏资源的服务对象争取更合理的服务，或者动员服务对象一起争取合理的资源和服务。

（5）治疗者：运用专业的方法和技巧，消除或者减轻服务对象的困扰。

（三）维持良好的专业合作关系

在服务的推进过程中，与服务对象之间的专业合作关系的维持也非常重要，它不仅直接影响服务对象的配合程度，而且对服务效果的维持也发挥着重要作用。为了保持良

好的专业合作关系,在与服务对象的交往中需要做到:

(1) 接纳,即无论服务对象面临什么问题,都愿意理解服务对象,不是关注服务对象的问题,而是关心问题背后服务对象的发展要求。

(2) 无条件关怀,即在服务开展过程中不评价服务对象,尊重服务对象的价值,并且相信服务对象是可以改变的。

(3) 真诚,即在服务开展过程中对自己的感受保持开放的态度,并且愿意与服务对象交流和分享自己的真实感受。

五、评估与结案阶段

随着服务目标的逐渐达成,社会工作服务就进入最后的阶段——评估与结案。在这个阶段,有三项重要任务需要完成:成效评估、结案和跟踪服务。

(一) 成效评估

评估不仅是服务对象获得有效服务的保证,同时也是改进个案社会工作的前提。评估是指对个案社会工作的服务效果和效率进行评定,主要内容涉及三个方面:

(1) 服务对象的改变状况,包括哪些方面得到了改善、哪些方面没有得到改善以及改善的程度。

(2) 工作目标的实现程度,包括哪些工作目标实现了、哪些没有实现以及实现的程度。

(3) 服务介入工作的人力、物力和其他资源的投入,包括服务介入的人员、时间、经费以及其他资源等。

评估可以采取不同的方法,经常采用的方法有:一是由服务对象评估服务工作的开展状况以及对服务工作的满意程度,二是由社会工作同行评估服务工作的开展状况,三是由服务机构评估服务的开展状况。为了准确评估服务工作的开展状况,采用多种评估方法是比较有效的方式。

(二) 结案

通常来说,出现以下情况之一就可以结案:一是社会工作者与服务对象都认为工作目标已经实现;二是虽然问题没有彻底解决,但服务对象已经具备独立面对和解决问题的能力;三是与服务对象的关系不和谐,希望结束服务;四是服务对象出现了一些新的要求和问题,需要其他服务机构解决;五是因为一些不可预测的因素,需要结束服务。对于后三种情况,不仅需要结束服务,同时还需要与其他服务机构联系,帮助服务对象获得合适、必要的服务。

在结束阶段,服务对象面对专业服务的结束会出现不同程度的心理矛盾。为了帮助服务对象顺利面对服务工作的结束,需要做好以下工作:一是预先告知服务对象,让其有心理准备;二是巩固服务对象已有的改变和进步;三是与服务对象一起进一步探讨影响问题解决的因素,为其结案之后独立面对问题做好准备;四是鼓励服务对象表达结案时的情绪,与其一起探讨结案后的跟进服务。

结案的形式多种多样,最常见的有以下三种:一是直接告诉服务对象。在最后一次服务面谈中,根据双方商讨的结果直接告诉服务对象。二是可以根据实际情况延长服务间隔的时间,让服务对象逐渐适应个案社会工作的结束。三是变化联系的方式。可以根据个案服务工作的开展状况把面对面的直接服务转变成非面对面的一般帮助。

(三)跟踪服务

结案后,通常还需要根据服务对象的情况安排跟踪服务,主要有三个方面的任务:一是根据服务对象的状况安排结案之后的练习,以巩固服务对象已经取得的进步,增强服务对象独立面对问题的能力;二是调动服务对象周围的资源,增强服务对象的社会支持;三是持续评估服务工作的效果。

案例小剧场

悦悦是一名高一的学生,最近因男朋友嫌弃她太胖而分手。这段时间悦悦心情低落,非常反感别人说她的身材,为此还跟好朋友吵架。她刻意节食,每天只吃一顿饭。由于营养不良,悦悦在上课的时候总是提不起精神,被老师批评了好几次。父母对悦悦进行了盘问,悦悦与父母发生了争吵,加重了悦悦的厌学情绪。最近,悦悦父母找到了社会工作服务中心请求帮助。请根据案例情况,设计一份个案服务方案。

(一)问题的陈述与分析

就人的发展阶段而言,悦悦正处于青春期,非常敏感,对爱情充满幻想。本案例中,爱情的破灭使悦悦感到难受,身材令她感到自卑,并使她产生了厌学情绪。根据案例中的信息,服务对象悦悦面临的问题主要有以下几个方面:

1. 因身材发胖,以为自我形象不佳而产生自卑心理。
2. 因学习成绩下降以及父母的重压而产生厌学、缺乏自信等负面情绪。
3. 失恋、伤心难过,加重了自卑情绪。
4. 在学校里的人际沟通欠佳。

(二)方案设计

根据上述分析,设计的服务方案如下:

1. 目标

帮助悦悦提高自我认知,改变厌学情绪,改善其与父母、同学、老师的沟通。

2. 实施策略

将以个案社会工作方式为悦悦提供专业服务,其间会与其父母进行沟通,以达成工作目标。个案计划的具体步骤如下:

(1)接案阶段。运用同理心、尊重、真诚、个别化等技巧以及接纳、非批评等原则和悦悦建立良好的专业关系,获得其家人的信任。

(2)预估阶段。从问题、个人、环境的角度全面收集资料,并形成初步预估。

(3)计划阶段。与悦悦及其家人商定服务目标,并制订可行的服务计划。

(4) 实施阶段。第一，按计划为悦悦及其家庭提供服务，协助悦悦改善自我认知，与父母建立有效、良好的沟通。第二，处理悦悦的悲伤情绪并协助其正确认识自己，形成正确的审美观与爱情观，接受自己的身材，改善自卑心理。第三，教授悦悦与同学、老师沟通的技巧，鼓励其多与同学、老师交流，恢复与好朋友的亲密关系，获得同伴支持。第四，鼓励悦悦重新参与学校活动，对她的成绩和进步给予及时表扬，使其重建自信。第五，组织大学生志愿者辅导悦悦功课，培养其学习兴趣，提高学习成绩。第六，联系学校老师，以期其能够协助整个服务过程并给予支持和帮助。在整个实施阶段根据实际情况的变化，适时调整工作计划及相关介入策略。

(5) 评估阶段。对个案辅导进行成效评估、过程评估和满意度评估，并提前告知悦悦服务即将结束。

(6) 结案阶段。要与悦悦及其父母一起回顾个案辅导的整个过程，巩固辅导效果，对可能表现出的离别情绪要加以恰当处理。

(7) 跟踪服务。个案服务结束之后，要及时跟进，必要时在3~6个月内进行回访，并建议悦悦的父母及学校老师给予悦悦适度的关注。

第四节　个案社会工作的常用技术

社会工作技巧是将知识和价值观合二为一，并转化为行动，去回应社会关注和社会需要的实践性要素。对个案社会工作而言，这些实践性要素是指个案社会工作者基于一定的科学知识和价值信念，去帮助服务对象解决实际困难或问题的专业技术和能力。在科学知识方面，要求个案社会工作者在学习掌握有关心理学、社会学及其他社会科学和人文科学理论知识的基础上，培养、训练个案社会工作要求的工作技术；在价值信念方面，要求个案社会工作者在培养、内化社会工作价值理念的基础上，发挥个性特长，创造性地将个案社会工作的技术巧妙地运用到个案社会工作的实践中。社会工作技巧与知识和价值观关系如图3-1所示。

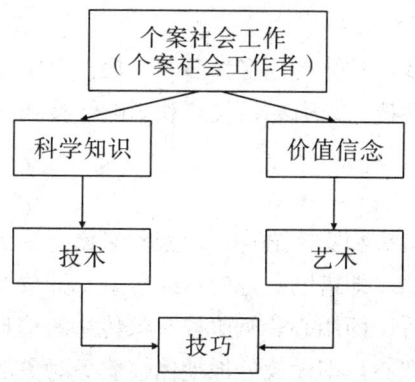

图3-1　社会工作技巧与知识和价值观关系

个案社会工作中经常用到的技术主要有会谈、访视和记录。

一、会谈

个案会谈又称个案面谈，是指与服务对象进行面对面的、有目的的专业谈话，同时也是一种有意识、有目标的人际互动。在个案社会工作中，会谈贯穿整个服务过程，是交流的主要方式，同时也是微观社会工作的核心技能。

（一）个案会谈的类型

个案会谈有多种不同的分类。根据会谈的目的和功能，个案会谈可以分为建立关系的会谈、收集资料的会谈、诊断性会谈、治疗性会谈和一般性咨询会谈五种类型。

（1）建立关系的会谈。其主要目的是帮助社会工作者与服务对象建立专业的合作关系。在会谈中的工作重点是创造一种宽松、信任的谈话氛围，让服务对象能够自由地表达自己的感受和想法。

（2）收集资料的会谈。这种会谈的主要目的是帮助社会工作者通过鼓励服务对象去讨论他们自己的观点和感觉，他们的喜好、问题、目标和状况，收集服务对象的相关资料，以便对其生活状况或者服务开展状况做出准确的判断。

（3）诊断性会谈。这种会谈的主要目的是对服务对象的问题做出正确的分析和推断。为此，需要不断地从观察到的事实出发做出并验证推断，以形成有关服务对象问题的准确判断。

（4）治疗性会谈。这种会谈的主要目的是对服务对象的困扰施加有目的的影响，从而促使服务对象发生积极的改变。改变可能发生在个人自身的思想、感觉或活动中，或者在团体（家庭、组织或社区）里，也可能发生在个人与社会体系互动的过程中。

（5）一般性咨询会谈。这种会谈的目的主要是通过为服务对象提供相关的知识和技巧，以及有关方案、政策或资源的信息，帮助服务对象做出准确的选择。由于一般性咨询会谈通常会涉及一些专业知识，因此在解释时需要根据服务对象的情况做出相应的调整，以适应服务对象的要求和理解能力。

（二）个案会谈的技巧

个案会谈的技巧有很多，其分类也多种多样。根据专业技巧运用的目的和作用，个案会谈技巧可以分为支持性技巧、引导性技巧和影响性技巧。

1. 支持性技巧

支持性技巧是指借助口头和身体语言，让服务对象感受到被理解、被接纳的一系列技术。主要包括：一是专注，即借助友好的视线接触、开放的姿势以及专心的态度关注服务对象的表达。二是倾听，即用心聆听服务对象传达的信息，理解服务对象的感受并做出积极的回应。三是同理心，即设身处地地体会服务对象的内心感受，理解服务对象的想法和要求。四是鼓励，即运用口头语言和身体语言肯定服务对象的积极表现。

2. 引导性技巧

引导性技巧是指主动引导服务对象探索自己过往经验的一系列技巧。主要包括：一是提问，即运用封闭式或开放式问题，引导服务对象作答，以收集信息、探索问题。二是澄清，即引导服务对象对模糊不清的陈述和信息做更详细、更清楚、更准确的表达和解说。三是对焦，即将话题、讨论范围、内容或者问题集中，指出重心和目标所在，再继续讨论。四是摘要，即将服务对象长段谈话或者不同部分的话题进行整理，概括和归纳其中的要点。

3. 影响性技巧

影响性技巧是指为服务对象提供必要的信息或者建议，让服务对象采取不同的理解和解决方法的一系列技巧。主要包括：一是提供信息，即向服务对象提供相关的新知识、新观念等，或纠正服务对象已知的错误信息。二是自我披露，即有选择地袒露自己的亲身经历或者处理事情的方法，为服务对象提供参考。三是建议，即根据服务对象的具体情况，提供有利于其改善生活状况的建设性意见。四是忠告，即向服务对象指出某些行为的危害性或者必须采取的行动。五是对质，即发现服务对象出现言行不一致的情况时，直接发问或提出质疑。

二、记录

记录是指根据服务开展的进程，对服务中所发生的事件进行科学、系统的记载和存档的过程。

（一）个案记录方式

个案记录有多种方式，根据记录时的目标，个案记录可以分为过程记录、摘要记录和问题记录三种。

(1) 过程记录。过程记录详细记录服务对象和社会工作者的互动内容，比较真切、直观地反映整个会谈的全貌，清楚看到服务对象的表现，以及对问题的应对和处理。主要内容包括：一是对服务对象及问题的叙述，二是面谈的过程，三是对服务对象的印象，四是下一步的工作计划。

(2) 摘要记录。摘要记录是通过某种方式将会谈中产生的资料进行归纳、整理、分析、评价。主要内容包括：服务对象的基本资料；服务对象的来源和求助事由；服务对象的家庭结构图；服务对象对问题的陈述及期待；服务对象的主观问题陈述，其他相关人士对问题事实的客观陈述。

(3) 问题记录。问题记录的主要内容包括：服务对象的基本资料；问题叙述及相关人员对问题的预估情况，包含问题产生的主观因素、客观因素的诊断或评价及工作计划；个案社会工作服务过程与结果的记录。

（二）个案记录的要求

个案记录的内容涉及许多方面，呈现一定的格式要求，其中需要特别关注的是资料呈现中涉及的现在与过去、事实与推断的逻辑。

（1）基本格式要求。个案记录的呈现有一定的逻辑要求，通常包括依次展开的五个基本方面：个案的基本情况（如性别、年龄、婚姻状况、家庭和工作的基本情况等），个案面临的主要问题和问题的排序等，个案的背景和经历（如与问题有关的背景资料和个人经历等），个案的能力和资源（如个人解决问题的能力、个人的社会支持和环境提供的机会等），个案的诊断（如问题的诊断和干预建议等）。

（2）现在与过去。通常重点描述服务对象现在的问题，将其过去的经历作为现在问题的补充解释，放在现在问题描述之后。

（3）事实与推断。个案记录中首先要有通过观察等获得的事实描述，如服务对象说话有气无力、容易发呆、对外界的行为反应迟缓等；然后依据这些事实进行推断，如服务对象的情绪低落，内心的改变愿望不强等，这些信息无法直接观察到，是推断出来的。

三、访视

访视是走出机构去探访与服务对象相关的人士或机构，有利于全面、清楚地了解服务对象的问题与情境，所得资料真实、鲜活。访视的主要技巧如下：

（1）提前熟知受访者的相关资料。
（2）通过可靠方式事先约定探访的时间、时长及会面地点。
（3）访视时应着装整洁、得体，主动告知姓名、工作单位以及此行的目的。
（4）在访视中应多观察、多倾听，拍照、录音、录像要征得被探访者同意。
（5）在访视结束前应总结访视的内容，向受访者反馈其在访视中的良好表现，并倾听受访者对本次访视的感受、意见及对下次访视的期待。

案例小剧场

鼓励的运用：
服务对象：谢谢你的帮助，我终于去完成了这件事（语气很轻松，表情比较开朗）。
社会工作者：都是你自己的功劳，你很勇敢。（鼓励）
服务对象：反正我也不知道我哪来的勇气。当然，甩掉了一个压在我心里的石头，突然觉得轻松多了。
社会工作者：你一直有这样的勇气，只是没发现而已。（鼓励）
服务对象：也许吧，我以后对类似的情况会有信心去面对的。
社会工作者：当然，你一定能。（鼓励）
反映感受的运用：

服务对象：我从小跟奶奶一起长大，奶奶总是爱念叨曾经为了抚养我，非常不容易，我爸妈只顾潇洒，全不管我……然后就一直说爸妈的坏话。我知道奶奶曾经很辛苦，但我不爱听奶奶老说爸妈的坏话。

社会工作者：我感觉你处在两难的境地，能理解奶奶，但也不同意奶奶的做法，是吗？（反映感受）

服务对象：我不爱听，奶奶就说我向着我爸妈，不记得她的情。

社会工作者：听起来你其实很关心你奶奶，也很希望一家人和睦，所以才希望奶奶可以对这些事情释怀，对吗？（反映感受）

第四章 小组社会工作

小组社会工作也称社会团体工作或团体工作,强调通过团体经验帮助服务对象解决问题。良好的小组生活经验是个人人格正常发展的基础,因此,小组社会工作也是社会工作实务的一种重要方法。本章主要从小组社会工作概述、小组社会工作的主要模式、小组社会工作的过程等方面对小组社会工作进行简要介绍,之后通过案例演示小组社会工作的方案设计。

第一节 小组社会工作概述

本节主要通过对小组社会工作的概念和小组的类型两方面内容的介绍,帮助大家更好地理解小组社会工作。

一、小组社会工作的概念

小组社会工作简称小组工作,是社会工作三大基本方法之一。如同个案社会工作一样,人们对何为小组社会工作也没有共识。徐震和林万亿在《当代社会工作》一书中,对以往较有代表性的小组社会工作定义做了介绍。

一是发展的观点。特雷克(Trecker)从意义、对象、方法、过程和目标等方面入手,认为小组社会工作是一种方法,凭借小组社会工作者的协助,引导组员在小组活动中互动,以使他们彼此建立关系,并以个人能力与需求为基础,获得成长的经验,实现个人、小组、社区的发展目标。

二是治疗的观点。科诺普卡(Konopka)指出,小组社会工作是社会工作方法之一,它通过有目的的小组经验,协助个人增强其社会功能,更有效地处理个人、小组或社区的问题。当小组社会工作者运用其专业训练和技巧,去帮助一群在功能上受困扰的个人所组成的小组时,便是在进行小组治疗工作。

由此可见,由于人们所处的时代及出发点不同,对小组社会工作的界定也是不同的。综合各家看法,可以这样来表述小组社会工作:小组社会工作是以具有共同需求或相近问题的群体为服务对象,经由社会工作者的策划与指导,通过小组活动过程及组员之间的互动和经验分享,帮助小组组员获得群体经验、行为的改变及社会功能的恢复与发展的一种专业社会工作方法。

二、小组的类型

小组的分类标准较多，如依据小组的目标、小组的形成方式、小组的结构、服务对象的特点及需要、服务对象的参与动机等，可将小组划分为不同的类型。不同类型的小组，其理论模式、目标和具体技巧等都有所不同。

根据小组目标，可以将其分为如下几种常见的类型。

（一）教育小组

教育小组（educational groups）在社区、学校、医院等场域得到广泛应用，其主要目标是帮助小组成员通过学习新知识而改变其原来对自身问题的不正确看法及解决方式，从而实现小组成员的发展目标。教育小组的活动方式包括讲课、讨论、角色扮演和其他各种活动。教育小组有各种各样的类型，常见的包括领养父母小组、未来父母小组和父母小组等。教育小组的工作流程：首先帮助小组成员认识到自我存在的问题；其次促使小组成员确立新观念、新视野，改变看问题的角度；最后提供干预服务，减少小组成员的问题行为特征，以达到其改变自我的目的。教育小组中的社会工作者通常就是小组负责人和小组专家。

（二）成长小组

成长小组（growth groups）的目的是让组员通过小组体验去了解自己及他人的思想和行为，借以洞察自己的问题、发挥自己的潜能，从而促进问题的解决和个人的成长。为了达到这一目的，成长小组的活动十分丰富。例如，一项活动是帮助夫妻之间进行更有效的交流，包括学习倾听、澄清价值和清楚地传递信息的技巧。成长小组比较多地运用于各类学生及边缘群体的辅导工作，其焦点在于个人的成长和正向改变。人生可能遭遇逆境，但人都有潜能，在逆境中发展潜能和提升自我的过程就是成长的过程。因此，成长小组关注小组组员本身的成长，强调通过小组过程增强组员的自我觉察意识，发挥潜能和实现自我。

（三）支持小组

支持小组（mutual aid groups）是由具有相似的问题、遭遇和情境的服务对象组成的小组，小组成员相互提供信息、建议、情感支持和其他类型的帮助，以达到解决某一问题和成员改变的目的。在支持小组中，最为重要的是小组成员的关系建构、相互交流和支持。其主要任务是指导和协助小组成员讨论生命中的重要事件，表达经历这些事件时的情绪感受，加强小组成员间的沟通及相互帮助。因此，支持小组应充分发挥小组成员的自主性，鼓励成员分享经验并协助解决其共同面临的问题。可见，支持小组的动力源于小组组员的需求本身，故在支持小组中，社会工作者多扮演推动者和协调者的角色。

（四）治疗小组

治疗小组（therapy groups）的主要目标是协助小组成员改变问题行为，改善个人问题，修复其生理、心理和情绪上的创伤。常见的治疗小组包括减肥小组、戒瘾小组，以及由虐待儿童的父母组成的小组等。治疗小组的目的是解决某些已经存在的行为问题和人际关系问题，学习解决问题和应对环境的方法，它更注重改变、治疗和修复。小组帮助组员了解自己的问题及其成因，利用小组的经验交流与分享，辅助以一定的资源整合和社会支持网络，对小组成员的心理和社会行为问题进行治疗，从而改变小组成员的行为，促使其成为健康的社会人。根据不同治疗小组的性质，社会工作者在其中可以扮演指导员、治疗师或组长等角色。

综上所述，社会工作者在各类小组中的角色与功能既有相似之处，也有不同之处。简单地说，在教育小组、治疗小组中，作为领导者的角色与功能比较突出。在以上每一种小组中，都可以同时是指导员、专家和领导。在成长小组和一些治疗小组中，作为小组负责人的社会工作者的主要角色可能是"促进者"——帮助小组成员达到各自的目的。一般说来，在小组活动初期，社会工作者的工作更多，一旦小组建立起来，并按照计划的程序运行，社会工作者的角色主要就是咨询者、专家和角色榜样。在小组活动中，社会工作者扮演什么角色、实现什么功能通常是根据需要而变化的。因此，在角色与功能之间社会工作者应该表现出一定的灵活机动性。

第二节 小组社会工作的主要模式

在小组社会工作发展过程中，先后形成了一些工作模式，其中早期较有代表性的是由帕波尔和罗斯曼（Papell and Rothman）所概括的社会目标模式、治疗模式和交互模式。20世纪70年代之后，较多采用的是互动模式、预防及康复模式、发展模式、组织与环境模式和行为修正模式。以下我们简要介绍社会目标模式、治疗模式、互动模式和发展模式这四种常用的模式。

一、社会目标模式

社会目标模式源于睦邻组织运动，主要代表人物为科伊尔（Coyle）、科诺普卡（Konopka）、威尔逊和赖兰（Wilson and Ryland）等。其理论基础是新弗洛伊德主义的人格理论、机会论、无权论、文化贫乏论、政治经济学方面的理论及杜威的教育理论，以民主精神为最高理想。该模式的主要论据是：如果小组及其成员能够在社会工作者的影响下找出共同目标，并且培养成一种自我主动的行为去推动小组历程，则小组成员便能自我发展，找出技巧去参与一些有意义及负责任的社会行动。因此，这种模式将个人问题与其所处的社会环境或社会结构联系起来，强调应激发小组组员的社会意识，增强其民主参与的行动力，以培养小组员的社会责任感，实现社会整合，推动社会变迁为主要目标，因此主要运用于社区发展领域。在这种模式中社会工作者的角色是使能者或促进者，即一个有影响的人，他将社会责任及政治立场个别化地在小组中表达出来，并刺激小组行动。

二、治疗模式

治疗模式又称康复模式或临床模式，主要代表人物为雷德尔（Redl）、文特（Vinter）等。其理论基础是行为矫正理论、学习理论、自我心理学理论、社会角色理论及小组动力理论。其基本假设是：如果能运用其专业知识去影响小组历程及小组动力，使小组成员改变他们的一些具体行为，那么小组成员便证明他们可以凭着参加小组而受到再教育，参与小组的经验可以协助他们消除不适应社会的行为和态度问题。因此，该模式以解决个人问题作为小组社会工作的主要目标，重视小组过程与个人治疗目标的一致，强调社会工作者应主要扮演治疗者和专家的角色，他必须有足够的能力去诊断个人的需要，安排治疗计划，并控制小组的发展。这一模式被广泛运用于精神疾病治疗、心理治疗、青少年不良行为矫正等领域。

三、互动模式

互动模式是由交互模式演化而来的，主要代表人物为施瓦茨·特罗普（Schwartz Tropp），克莱因·戈罗夫（Klein Goroff）亦对此模式的理论及技巧做出了一定贡献。其理论基础包括系统理论、场域论、符号互动论、完形心理学和小组动力学等。该模式将小组社会工作的注意力集中于组员为满足共同需要所产生的互动过程，其重点在于通过建立一个互助系统，帮助组员个人人格的健康发展，同时满足组员信息与情感交流的需求，使组员获得心理支持与个人成长，从而缓解个人的危机和问题。这种模式不预先设定目标或结果，社会工作者与组员共同承担推动小组发展的责任，社会工作者在其中更多扮演协调者和引导者的角色，负责促进组员、小组、机构、家庭、学校、社区等各系统彼此适应，帮助服务对象与产生问题的系统接触和谈判，协助系统接纳服务对象，并继续按其在社区中扮演的角色提供有效的服务。

四、发展模式

发展模式又称过程模式，早期代表人物为科伊尔、威尔逊和赖兰、菲利普斯（Philips）、伯恩斯坦（Bernstein），对该模式的形成有决定性作用的则是特罗普（Tropp）。其理论基础主要是发展心理学及米德（Mead）和帕森斯（Parsons）的社会学和存在主义哲学。该模式强调以人的发展为核心，关注人的社会功能的提升，关注的焦点在于小组组员的社会功能而不是有关生理和病理因素，重视的是组员个人潜力的发掘和发挥而不是治疗性辅导。该模式的主要目的是通过鼓励组员参与表达自己，注重为小组组员提供成长发展的机会，在体现民主程序的过程中促进小组组员和小组的共同成长。因此，在小组发展过程中社会工作者主要扮演使能者的角色，察觉到组员的发展潜力，帮助小组达到目标，促进人际关系和个人的自我实现。由于该模式旨在预防和解决服务对象社会功能的衰减问题、恢复和发展服务对象的社会功能，因而应用范围极其广泛，可用于各种困难人群、面临危机的人群以及寻求进一步自我发展的人群等。

总之，在小组社会工作实务中，不同类型的小组往往采用特定的工作模式，也可以某一模式为主、其他模式为辅开展小组社会工作。无论哪种模式，在小组社会工作中，总是以小组为协助个人成长与发展的主要手段，小组就是解决小组成员问题的有效途径，这正是小组社会工作的独到之处。

第三节 小组社会工作的过程

小组社会工作的助人活动是一个过程，经历了不同的阶段，各个阶段有不同的特点及主要应完成的工作任务。

一、小组社会工作的发展阶段论

小组在产生、发展、成长、变迁的过程中存在特定的阶段性，社会工作者可以利用对小组发展阶段的划分去安排小组目标、预测未来的发展趋势。关于小组社会工作的发展阶段，不同学者根据不同理解提出了三阶段说、四阶段说、五阶段说、六阶段说、七阶段说等不同的阶段理论，我们主要介绍如下几种。

（一）三阶段说

托斯兰和里瓦斯（Torsland and Kivas）提出了小组发展的三阶段说。第一阶段是小组开始期。第一次聚会时，社会工作者需要确定小组的目标以及阶段。对小组组员而言，这是一个集合、组织和制订计划的阶段。一般而言，组员希望成为小组的一部分，但又会与小组保留一定距离。组员需要探索自己在小组中的角色，并明确是否有可能扮演或是改变这些角色。第二阶段是小组中期，大部分的小组社会工作内容都在这个阶段得以完成。此阶段组员的关系得到加强，但小组领导参与的程度会变弱。组长会提醒组员自己的目标、小组的规则，会处理一些可能会破坏小组目标实现的关系和行为。第三阶段是小组的结束期，其标志就是小组实现了自己的目标。此时，组员开始与小组分离，工作者的职责就是帮助组员处理离别情绪，以及保持已经获得的经验并加以运用。

（二）四阶段说

西伦和迪克曼（Thelen and Dickerman）提出了小组发展的四阶段说。第一阶段是小组聚集期。小组成员期望有权威的领导者出现，渴望每个组员都能参与小组活动，希望个人能尽快融入小组并有所作为。这个阶段组员们不会轻易暴露自己的真实情感，有可能将自己一些过去的经验带进小组。第二阶段是小组冲突期。小组成员一方面期待领导者负责，另一方面也希望自己能取而代之，以便能控制小组的发展方向，接踵而来的就是冲突和挫折感的出现。这个时期的组员常怀有既服从领导者又敌视领导者的矛盾情感。第三阶段是小组维持期。这个时期，小组成员之间开始发展出认同的情感，开始意识到小组团结和谐的重要性，也努力去维持这种氛围，以避免冲突的发生。这种维持常常会使小组处于停滞不前的状态，小组缺乏前进的动力。第四阶段是小组成熟期。这个时期强调维持以小组为中心，小组成员能意识到小组中个人权利和相互影响的关系，把小组目标的完成放在首位。

（三）五阶段说

最流行的小组发展阶段理论是由加兰德（Garland）、琼斯（Jones）和克洛德尼（Kolodny）提出的五阶段说。该理论最重要的观点：小组是螺旋式非线性发展而非简单的线性发展。第一阶段，形成期。这个时期小组成员的熟悉、亲密是重点，由于小组成员之间缺乏沟通交流，常常以自我为中心，具有想亲近又不想过于亲近的两难心理，缺乏相对安全感。小组社会工作的重点就是"破冰"，通过一些辅助活动让小组成员表达各自的期望，增进组员之间的了解。第二阶段，动荡期。小组的初步结构已经形成，小组成员开始试探小组的自由和民主程度、小组的规范和限制等，以界定自己在小组中的地位和组员之间的关系。这个阶段的特征是冲突和妥协、权利与控制、角色调整、关系重组和制度创新等纷争不断。小组的工作重点是要促使小组成员之间形成相互支持的关系，防止有意或无意地伤害别人。第三阶段，规范期。小组的权力结构基本形成，成员的角色地位也基本确立，小组成员更加开放和投入，组员开始愿意分享自己的感受并获得与他人交往的满足感。在这个阶段小组有能力设计和实现小组计划，小组成员也能够从互动中体验到小组经验的意义，认识到个人在小组中的成长与改变。第四阶段，表现期。小组成员之间的凝聚力由于沟通的深入而更强，他们能够相互接纳为独特的个体，承认相互之间的差异性。小组的权力关系得到澄清，小组的规范基本建立，成员逐步建立很好的小组认同感和归属感，成员们能够自主地做出面向现实的决定，或实施大型的小组计划。对于小组而言，社会工作者主要扮演使能者和资源提供者角色，让小组成员自主开展工作，同时巩固小组成员在小组中学到的经验。第五阶段，结束期。小组的任务目标基本完成，小组成员需要面对分离，必然会产生分离焦虑，小组在这个阶段的重点是处理好离别情绪，帮助小组成员表达情感，鼓励把小组经验中的"学习"迁移到新的社会环境中，同时对于有需要的组员继续跟进或者转介。

二、小组社会工作的过程

小组社会工作的开展可分为不同的阶段。开展小组社会工作时，社会工作者应清楚把握小组各阶段的主要特征、社会工作者的任务以及角色和地位等内容，以便更好地开展工作[1]。

（一）小组准备阶段

小组社会工作是一项有计划、有目的的专业活动。小组准备阶段是小组正式开始前的一个阶段，工作者主要为小组的开展做准备。此时其主要有六方面的任务：组员的招募及遴选、确定工作目标、制订工作计划、申请并协调资源、确定小组的规模和工作时间以及活动场地及设施的选择和安排。

社会工作者在小组开始前，需要通过小组的规划理清思路，制订好行动计划。小组社会工作计划的内容主要包括：

（1）小组的类型。
（2）小组的目标。
（3）小组的服务对象及其需要、小组组员的数量、组员的招募和遴选等。
（4）小组聚会的地点、时间、频率。
（5）小组的带领者及其资质和能力。
（6）小组的主题。
（7）机构和组织的相关政策。
（8）需要进一步接触的重要人物。
（9）小组的评估者和评估方法。

制订小组计划时，需要将小组作为一个系统，全面综合地考虑小组组员、社会工作者、机构和环境各要素。小组计划指出了小组的方向和社会工作者的基本工作模式，对小组社会工作的开展具有重要意义。

（二）小组开始阶段

从小组组员第一次聚会起，小组社会工作就进入了开始阶段。这一阶段是小组组员之间、社会工作者与小组组员之间的关系建构阶段，是小组组员对小组产生认同的阶段，也是小组规范化的阶段，对后续小组的发展影响很大。这一阶段组员常具有矛盾心理与行为以及小心谨慎、沉默被动、依赖性等特点，因此社会工作者需要扮演领导者、鼓励者和组织者的角色，工作的重点在于帮助小组组员建立信任关系。这一阶段社会工作者的主要任务有：

（1）协助组员彼此认识以消除陌生感。社会工作者可以要求组员以不同的方式来介绍自己，在组员自我介绍时，社会工作者应积极地投入其中，可以对组员的自我介绍进行回馈，说出他们的期待和希望，并回应他们的感受，也可表达自己对组员个人的感受和积极的看法，还可邀请其他组员进行简短的正面回应，促进小组最初的互动，提升组员正面的积极力量。

（2）帮助组员提高对小组目标的认识。在小组一开始就和组员讨论小组的目标，并

---

[1] 全国社会工作者职业水平考试教材编委会：《社会工作综合能力（中级）》，中国社会出版社，2022年，第182~192页。

与组员就此达成共识是很关键的。社会工作者的工作必须始终围绕着小组的目标,并且一再地把它清楚地传递给组员。如果组员一开始就对这些目标有清晰的认识,他们就能清楚地了解小组对他们的期待,及如何从小组中获取最大利益。此外,除了澄清小组的目标,组员还需要澄清自己的目标,知道自己想要从小组中获得什么,社会工作者要协助组员将过于宽泛的目标转换成具体明确的目标。请小组组员说出和写出自己的目标是十分有价值的,这样会使组员在参加小组的过程中有十分清晰的方向感,同时也可以协助组员很快地将注意力集中在他们需要的小组经验上。

(3) 讨论保密原则和建立契约。小组契约是小组与组员之间有关他们努力的目标及工作方式的协议约定。契约的内容包括小组程序及组员目标两部分。小组程序包括整个会期的持续时间,出席的要求,保密的规定,集会的时间、地点、费用,以及其他注意事项;组员目标包括详细列出需要他们做到的行为表现,以及用来评估结果的标准等。

小组契约签订的方式:可以是社会工作者事先拟好,在第一次会期征求组员意见,与组员讨论签订;也可以是社会工作者和组员在第一次会期共同商讨后签订;还可以让组员在第一次会期后,回家完成这份契约,第二次会议时带来与大家一起讨论后再签订。契约的形式可以是书面的,也可以是口头的,但不论哪种形式,小组契约都是社会工作者和组员双方讨论协商之后共同决定的,社会工作者和组员双方都要遵守,不得任意更改。一般情况下,小组契约还是以书面的形式比较有效,可以常常提醒社会工作者和组员应履行的义务和规则。

(4) 塑造信任的小组氛围。在小组初期,尤其是在第一次会期,组员进入一个陌生的环境,彼此难免存在戒心,此时的小组组员间缺乏必要的信任,而信任问题常常是小组早期焦虑的来源。社会工作者可以通过带领示范、让组员表达自己的想法或感受等方式建立起小组的信任感。柯瑞尔(Currier)主张不是运用互动性活动来引发信任感,而是鼓励组员表达他们内心真实的感受,在相互的回馈、尊重、关怀、真诚中自然而然地让信任产生出来。

(三) 小组转折阶段

小组社会工作的开始阶段完成后,就进入小组社会工作的中期转折阶段。这一阶段组员通常具有对小组有较强的认同感、互动中的抗拒和防卫心理、角色竞争冲突等特点。该阶段社会工作者扮演的是协助者、引导者、调解人、支持者等角色,主要任务有处理抗拒行为、处理问题组员、协调和处理冲突、保持组员对整体目标的意识、协助组员重新建构小组、适当控制小组的进程等。具体如下:

(1) 处理抗拒行为。抗拒是使自己或别人避免对个人问题或痛苦体验深入探索的行为。当自己因潜意识内容被揭示而产生焦虑时,为保护自己免于焦虑,就会产生抗拒行为。人的抗拒行为一般都根源于童年时期在原生家庭中尚未解决的问题或压抑,这些情绪和感受根植于组员的人格中,进入小组后,他们经常通过投射和移情重新体验到这些早年的情感和冲突,从而产生抗拒。抗拒不一定以语言或攻击性行为来表现,沉默、退缩也是抗拒形式。组员的抗拒针对的可能是领导者或某个特定的组员,也可能是整个小组。针对不同的抗拒行为,社会工作者需要进行不同的处理。

(2) 处理问题组员。在小组的转换期，组员可能因自己的成长经历和人格特质而表现出特定的行为，有一部分人因自己特定的行为而成为问题组员。问题组员的行为，不论是有意识还是无意识的，如果不能得到很好的处理，组员的小组经验就会遭到破坏，小组的动力也会受到影响。一般而言，小组中的问题组员有：进行权力垄断的组员、尖酸刻薄的组员、表达感受困难的组员、不投入的组员、沉默的组员、有攻击性行为的组员、成为代罪羔羊的组员、爱说大话的组员、总是喜欢引起别人注意的组员等。面对这些组员，社会工作者要运用适当的策略和技巧来影响他们的行为朝建设性的方向发展。处理问题组员的一般性策略包括：①让问题组员自己看到自己的问题。②收集资料，努力了解问题组员行为背后的目的。③提供机会，鼓励问题组员表达自己。④社会工作者或其他组员给予回馈。⑤支持被回馈的人对他人的意见再回馈。⑥提供机会，让组员改变自己。

(3) 协调和处理冲突。当小组组员想真实地表达自己时，冲突是不可避免的。冲突来源于组员向他人挑战、向社会工作者挑战，来源于小组内的控制与权力的争夺。冲突是小组不平衡的表现，但冲突解决后小组会重新回复平衡，并促使小组在不平衡—平衡—不平衡中不断地向前发展。因此，处理冲突的方式对小组有决定性影响。

小组中的冲突及其解决方式如下：①对于常见的组员之间的冲突，社会工作者在处理时应当引导当事人真实地表达自己的想法，共同面对并寻找解决问题的办法，同时告知组员，参加小组是为了探索自己和自我成长，面对冲突时应当用温和的方式表达，并积极寻求解决办法。②针对组员与社会工作者间的冲突，社会工作者首先要倾听，避免太快地给予回应，更注意不要以防卫的姿态来回应；其次，社会工作者需要诚实地面对，先检查自己被挑战的事是否属实，再把自己被挑战的感受与组员分享，承认挑战之中事实的部分；再次，请组员检查他的挑战和假设是否真实，同时说明自己对挑战内容的看法；最后，社会工作者可以询问组员，如果他们有不满的地方，他们希望事情有怎样的改变。

(四) 小组成熟阶段

小组的后期工作阶段也是小组成熟阶段。此时，小组具有凝聚力强、亲密度高、组员对小组充满信心、小组关系结构稳定、组员对社会工作者的依赖减弱等特点。这一阶段社会工作者要扮演信息和资源的提供者及链接者、组员能力的促进者、小组的引导者和支持者等角色，需要完成维持小组良好互动、协助组员从小组中获得新的认知、协助组员把认知转变为行动、协助组员解决有关问题等任务。

(1) 维持小组良好互动。小组到后期已经形成一套良好的互动模式，组员间彼此信任、接纳与关怀，行为上出现表达与分享及相互的协助与合作，这些都是使小组产生效力的工具，在小组后期的一个重要任务就是维持这种互动模式，并借着领导者的示范及引导，使组员的行为与互动更为有效。

(2) 协助组员从小组中获得新的认知。协助组员通过自我表露，探索个人的价值、态度、感受和行为，并通过他人的回馈，更好地反省自己，对事物有更客观的了解，从而获得对自己与环境关系的新认知。

(3) 协助组员把认知转变为行动。组员对自己有了新的认知和领悟后，领导者还需协助组员让其意识到必须为自己的改变负责，将领悟或认知转化为具体的行动。领导者鼓励组员去尝试新行为，并且在被期待的新行为出现时，不断地予以强化，使当事人更有信心和勇气继续尝试，以备将来将这些行为拓展到小组之外。

(4) 协助组员解决有关问题。领导者协助组员澄清问题，通过分析判断，建立合理的目标，共同磋商，整合小组内外的资源，进行合理分工，一起寻找解决问题的策略方法并付诸实施。

（五）小组结束阶段

小组结束阶段是小组的完结期，也是小组社会工作的最后阶段。此时，小组已达到预期目标，最明显的特征就是组员情绪和小组结构的变化，体现为组员满怀离别情绪、小组关系结构弱化等特点。这一阶段社会工作者要扮演引导者、领导者和评估者的角色。此时，社会工作者的主要任务就是处理组员的离别情绪以及协助组员保持小组经验、做好小组评估等。

(1) 处理组员的离别情绪。小组后期组员的情绪是复杂和矛盾的，因为这些复杂和矛盾的情绪而产生许多复杂和矛盾的行为，所以社会工作者必须针对小组组员的这些情绪和行为做一些必要的介入。①社会工作者首先要事先告知每一位组员小组结束的日期，以便让他们有个心理准备，同时提醒组员尽快处理自己的问题。②让小组组员在小组中分享他们矛盾的心情，强化他们的积极感受。③社会工作者也分享一些自己对小组结束的感受，并亲身示范自己对这些情绪问题的处理。④社会工作者需率先谈起结束的话题并重申分离是不可改变的事实。⑤肯定每位组员在小组中的成长，鼓励组员将他们在小组中的所学运用到现实生活中。⑥对于未完成的事设定另外的时间来解决或提供资源帮助组员对未来做出计划和准备。

(2) 维持和巩固组员在小组中的所学并鼓励将其运用到现实生活中。小组的结束期在某种意义上也是总结回顾期，协助组员回顾和总结他们在小组中取得的成果是小组结束期的一件很重要的事情。与此同时，社会工作者还需帮助组员深化他们在小组中的学习成果，并创造条件和设计一些情境要求组员来实践这些行为。

(3) 协助组员走向独立并面对不具支持的小组外环境。小组的环境是一个人为创造的"理想环境"，与现实环境具有很大差异。所以，在小组结束期，社会工作者会留一段时间协助组员建立独立的意识及独立解决问题的能力，如有需要也会设计一些必要的活动帮助组员达成此目的。鼓励他们接触小组外的真实环境并告诉他们要有心理准备去面对可能会有的挫败，并与组员一起设想环境中存在的障碍，针对这些情境设计适当的应对行为，在小组中通过角色扮演、模拟练习及行为预演等方法协助组员去思考和解决这些问题。

(4) 计划未来、处理遗留工作并安排跟进工作。小组的结束期，社会工作者需要对未来做一些规划，需要将社会工作者与组员间或组员间该完成而未完成的事盘点一下并尽快解决问题，也可以由社会工作者进行适当的跟进和转介。

第四节 小组社会工作方案设计

小组社会工作是一项专业的工作，为了使工作有目的、有计划地开展，进行方案设计是非常必要的。一份完备的方案设计可使实际工作的开展有明确的目标和清晰的思路，同时可以赢得机构的支持和肯定，还能够为将来的评估总结做准备。

一、方案设计的基本原则

一份良好的小组社会工作方案应当是工作者、服务对象、机构和环境等因素的良性互动，必须是实际可操作，同时又可以适当调整变化的。一般来说，小组社会工作的方案设计需要遵循以下原则。

（一）与组员的独特性相结合

首先，必须考虑成员的需要。成员的需要是选择活动最核心的理由，所有的活动都是在对成员需要的评估基础上发展起来的。成员的需要有时与成员的自然属性（如性别、年龄等）和社会属性（如社会、经济、文化地位等）有关。其次，必须考虑到成员的能力和兴趣。这就需要选择成员力所能及的活动，要考虑到成员能否在活动中和活动后体验到成功感。再次，必须考虑成员的心理社会发展阶段。任何活动如果撇开成员现有的心理社会发展阶段，就不会成为成员改变和成长的媒介，甚至可能给成员造成伤害。

（二）考虑社会工作者的个性和特点

社会工作者的独特性包括其特质能力、个性、领导风格、学业背景、优势经验等。在设计方案时要将这些因素综合起来考虑，使社会工作者更能发挥所长，促进小组的发展。

（三）将游戏与分享相结合

游戏在小组社会工作中的优势主要有：以富有趣味性的创意方式吸引小组成员参与到活动中来，以"无压力"的情景尝试面对"真实"生活，从而可以有更多的勇气来面对现实生活中的困局。但是，小组社会工作实践中的游戏不应当是纯粹的玩乐和活动，而是具有特殊的目的，即通过设计好的游戏活动，来达成小组成员的成长与发展。所以，在方案设计中应当以"小组目标"为导向，切忌为了游戏而游戏。实现游戏目的的途径就是将游戏活动与语言分享结合，小组要从单纯的感官体验转向深入的心灵探索，要使小组成员在游戏中体会活动的意义。游戏只是小组社会工作的工具或手段，而不能成为目的。

（四）与小组的发展阶段相结合

在小组的不同发展阶段，由于组员的特点和需要不同，小组活动也相应地有所区别，这就要求小组的方案设计和活动安排要体现出针对性和层次性。例如，在小组初期可以通过一些"破冰游戏"来拉近成员的距离，消除彼此间的陌生感；随着小组的发展，组员由陌生到熟悉，小组逐步步入成熟阶段，这时可安排一些"自我探索"类的游戏，使成员有更多的自我揭露和经验分享。社会小组工作后期的活动应该更多地促进组员的自立、自理、自我管理能力的提升。而在小组临近尾声的时候，需要适当设计一些处理离别情绪、巩固成果的活动。在方案设计时特别讲究由浅入深、由表及里的顺序，同时注意活动的前后衔接和总结巩固。

（五）准备充分

首先确保活动开展的可行性，特别是一些新活动，社会工作者一定要保证安全，必须在带领小组之前进行实际演练，以防在实际操作中出现无法控制的情形。其次，必须注意方案的设计要与现有资源协调，例如机构的财力物力、活动场地的限制、时间的安排等。最后，由于现实与理想的差距，在实际活动中可能会出现一些无法预料的情况，所以方案最好准备一些备用活动，或者是出现无法预料情况时的应急预案。

二、方案设计的主要内容

小组社会工作的方案设计虽然没有固定的模式和程序，但是完整的方案还是要有一些必须包括的项目。

（1）理念阐述，包括机构的背景、组成小组的原因、理论架构。理论架构切忌大而空，而应该与小组活动紧密相关。例如，人际沟通训练小组的理论架构可以是社会学习理论和交互理论，情绪管理小组的理论架构可以是认知理论和理性情绪治疗法等。

（2）明确的目标。小组应该有明确而实际的目标。有了目标，小组的具体活动才能有明确的方向。

（3）小组组员，包括各成员的特征、年龄性别、教育背景、各自的问题和需要等。组员的不同特征决定了方案设计要针对他们的特点，使工作过程更为有效。

（4）小组的特征，包括性质、规模、组合、持续时间、聚会频率、聚会时间等。小组性质主要可以分为强制型、自愿型、封闭型、开放型、成长型、支持型、治疗型、社会行动型、自助型等类型。小组规模一般以2人以上16人以下为宜。小组规模太大，组员之间的交流深度就会"打折扣"。小组的组合分为同质性小组和异质性小组，同质性小组的凝聚力更强，异质性小组能够使组员得到更多的不同经验。一般来说，小组活动的次数是6~10次，基本上是一个星期1次，每次的时间为90~120分钟。

（5）初拟的程序计划和日程，包括每次聚会的计划草案、程序活动、日期、时间及每次聚会的地点，每节活动的具体目的，社会工作者的责任，活动的准备，所需器材，每次聚会所需资金等。

（6）招募计划。在小组社会工作方案中必须要有招募计划，这是小组顺利展开的关键之一，主要包括以下内容：按照机构规则订立小组建立的程序，组员的来源，宣传、招募方法等。

（7）需要的资源，涉及相关器材、地点和设备、人力资源（如是否需要志愿者等）、特别项目等。

（8）预料中的问题和应变计划，包括小组组员的问题、小组或机构的问题、其他来源的问题。做好事先准备可以使社会工作者在遇到实际问题时不惊慌失措，有足够的能力去处理。

（9）经费预算，一般包括收入和支出两个部分。收入主要有有偿服务费用、小组组员会费等，支出主要包括活动程序、器材、交通等费用。

（10）评估方法，包括设计项目指标体系、评估的范围以及评估的方法等。

案例小剧场

小组计划书如表4-1。

表4-1 小组计划书

小组编号：_____

小组名称	青春突击队——"校园防暴"小组
小组分类	成长小组☐ 互助小组☐ 治疗小组☑ 其他☐_____
社会工作者	马社工、鲁社工、李社工（实习生）、王社工（实习生）
举行日期（节数）	自2019年3月×日至2019年×月×日止，共计7节
举行地点	某职业技术学校
小组人数	12人
理论架构	鉴于该小组的组员曾经可能是施暴者或受暴者，在认知和行为上存在一定的偏差，因此，决定运用认知行为理论对组员进行治疗。 认知理论和行为理论共同组成了认知行为理论，主要通过思想信念的改变和行为的干预以改变错误不良的认知。在认知行为理论下发展出了认知行为疗法。认知行为疗法最早是由美国心理学家贝克（Beck）提出的，从20世纪60年代始至今，已发展成非常系统的心理治疗方法。它通过改变患者对自己、对他人、对周围环境等的认知，来纠正其错误的看法、态度和行为。认知行为疗法的主要原则有：（1）通过建立良好的专业关系，促进积极合作关系，为后面的项目活动奠定良好的基础；（2）准确的行为评估，这需要知道要修正的行为、外部环境的刺激、修正行为会导致的环境变化等；（3）有效的行为修正，就是计划改变目标，从而选择其中适当的技术修正计划；（4）合理的修正效果评估，通过行为改变现状、服务对象的满意度和服务局限的方式进行评估。认知行为疗法是以问题为导向的短期治疗模式，强调关注此时此地的经验与感受。它拥有个案概念化、合作式的治疗关系、苏格拉底式提问、结构化与心理教育、认知重塑模式等技巧。其特点是将认知和行为因素充分结合，可以加入人的内部意识过程进行了解，并采用综合的方式开展社会工作。这使得该疗法既有人的行为改变的学习规律，又有人的认知加工特点，从而使内外因素有机结合。 小组活动可通过厘清组员的行为与认知之间潜在的关系，分析具体认知导致具体行为的过程和原因，尽可能地帮助组员澄清其错误认知，修正其偏差行为。

续表4-1

活动背景	校园欺凌已经是一种普遍性的社会问题。在不同的文化背景和意识形态下，校园欺凌的表现也不同。随着社会的进步和发展，校园暴力从"身体暴力"变成了越来越多的"精神暴力"。如何使心理承受能力较弱的孩子在面对暴力时保护好自己，就成为重要和紧迫的事情。 本小组的组员是被校园暴力的学生，特点是同学关系较差，成绩不好，心理上存在自卑等负面情绪。
小组目标	总目标：协助组员分析自我认知，找出错误的认知并加以纠正，避免出现偏差行为。认识校园暴力，学习在受暴的情况下如何有效保护自己，或避免产生暴力行为。 分目标：（1）90%的组员能够认识校园暴力，掌握正确处理暴力事件的方法及对策；（2）促进80%的组员清晰地了解认知在自己生活中的影响，克服不良的认知，减少偏差行为。
服务对象	职业技术学校高一学生
招募方法	公告栏■　展架□　海报□　宣传/咨询站■　楼层宣传□　现场宣传■ 入户宣传□　电话宣传□　电子媒介宣传□　其他□_____
小组评估方法	1. 基线测量方法（量表测量）。 2. 与社会工作者指定的目标表进行比较核对。 3. 与服务对象个人制定的目标表进行比较核对。 4. 在第一次活动开始前，对每一个学生做需求评估，主要从学生的心理健康、家庭环境、社交状况等方面收集评估资料，确定每个学生的心理状况，强调学生的自身感受和期望的信息获取。 5. 在每次活动完结之后，以报告或口头分享会的方式进行总结，进而改善服务质量。口头反馈方式：以1～5来表示你在此次活动中的感受。1表示非常不满意，5表示非常满意，并说明原因。另外，在最后一次活动后，针对整个活动的过程与效果、目标达成度与小组成员的收获、活动方案的设计，让成员及活动设计者做一次整体评估的回馈。 6. 与开始介入时确定的介入目标进行比较，例如，服务对象行为、思想、社会关系或社会环境的指标是否发生了积极性改变，是否在面对校园暴力时有一定的保护自我的措施，以及对社会上的一些灰色文化是否有一定的认识和辨别能力。 7. 在活动结束之后进行量表的测量以及情景剧的演示，看是否掌握了保护自我的方法以及在面对校园暴力时心态是否有所改变。 8. 将评估结果向组织决策者报告，保持完整的计划实施记录，将本次活动形成文字材料进行汇报。

小组活动具体计划如表4-2。

表 4−2　小组活动具体计划

第一节：开营活动					
活动时间：2019 年××月××日					
时间	地点	目标		活动内容	所需物资
19:00—20:30	某职业技术学校	1. 使组员了解此次小组活动并与组员相互认识； 2. 增加彼此熟悉度，建立安全感； 3. 初步建立团队精神。		1. 小组成员签到； 2. 自我介绍并介绍此次项目的相关内容； 3. 破冰游戏； 4. 小组成员相互认识（采用小活动"五指山""天使行动"）； 5. 订立小组契约（"希望树"）； 6. 宣读小组契约，巩固团队精神，约定下次见面时间并留下思考小问题。	A4 纸、小本子、圣诞树、玩偶、表情贴画、签字笔、彩色卡纸、双面胶、剪刀、小盆栽、凳子、彩笔票夹
第二节：认识它、拒绝它					
活动时间：2019 年××月××日					
时间	地点	目标		活动内容	所需物资
19:00—20:30	某职业技术学校	1. 进一步增强组员之间的认识，初步形成对小组的认同感和归属感； 2. 让组员正确识别和了解"拜金主义""暴力文化"等灰色文化是造成校园暴力的不良因子； 3. 让组员掌握正确辨别这些灰色文化的技巧，并远离它们。		1. 宣读小组契约，自我介绍； 2. 做暖场游戏（与本次活动相关的"我游戏"）； 3. 分组开展自制的飞行棋小游戏（采取积分制）； 4. 分发奖品、总结。	A4 纸、签字笔、矿泉水瓶、自制飞行棋棋盘、骰子、书
第三节：认识你自己					
活动时间：2019 年××月××日					
时间	地点	目标		活动内容	所需物资
19:00—20:30	某职业技术学校	1. 进一步增强组员之间的认识，初步形成对小组的认同感和归属感； 2. 使小组成员分析并认识到自己存在的偏差理念； 3. 使小组成员分析并认识到哪些是正确的理念。		1. 小组成员签到，自我介绍并请一名活动成员宣读小组契约； 2. 破冰游戏（耳边传话并总结），增强大家的互动； 3. 理念收集箱（匿名写出自己遭遇到校园暴力的原因）； 4. 随机取出箱子里的纸条并念出内容，小组分析这个理念是不是理性的，将理性和非理性的理念分开放； 5. 组员对其中非理性的理念进行辩驳，直至大家都达成一致； 6. 巩固团队精神，约定下次见面时间并留下小问题。	A4 纸、签字笔、水彩笔

续表 4-2

第四节："我行我素"→"我行我是"				
活动时间：2019年××月××日				
时间	地点	目标	活动内容	所需物资
19:00—20:30	某职业技术学校	1. 引导组员回顾上次的理性理念和非理性理念的差别； 2. 使组员识别不同暴力行为，以及在行为下的应对方法。	1. 小组成员签到，自我介绍并宣读小组契约，回顾总结非理性理念的特征； 2. 破冰游戏； 3. "演员的自我修养"：鼓励小组成员合作扮演平时在遭遇校园暴力时会怎么应对； 4. 其他小组成员评价这种应对行为的优势和不足，讨论怎样应对才是最佳的行为； 5. 集思广益：共同讨论在不同的暴力行为下应该怎样做，分享自己的经验； 6. 巩固团队精神，约定下次见面时间并留下小问题。	树叶、水彩笔、双面胶、签字笔、洋葱

第五节：向校园暴力说"NO"				
活动时间：2019年××月××日				
时间	地点	目标	活动内容	所需物资
19:00—20:30	某职业技术学校	1. 让成员学习直面校园暴力时可以保护自己的措施； 2. 鼓励"熟人效应"的应用，在遇到校园暴力时更好地保护自己； 3. 让大家增加彼此的联系和信任，增强组员对于集体的认同感和归属感。	1. 小组成员签到； 2. 播放事先准备好的视频，强调校园暴力的危害，让大家分析其中的校园暴力行为； 3. 着重于预防知识介绍（介绍"熟人效应"）并教女孩们遇到 些侵害性校园暴力时的保护措施，教一些简单的防身术； 4. 巩固团队精神，约定下次见面时间并留下小问题。	签字笔、彩色卡纸、指压板、方便面、纸箱

第六节：师生相处——易碎的心				
活动时间：2019年××月××日				
时间	地点	目标	活动内容	所需物资
19:00—20:30	某职业技术学校	1. 让组员们了解到校园"软暴力"尤其是"老师—学生"暴力行为的危害； 2. 引导组员辨别和应对"软暴力"； 3. 让组员学会平衡调节自己的内心，防止暴力行为的转化，学会正确地保护自己的方法； 4. 引导组员正确地应对"软暴力"行为，学会向他人求助，合理释放自己遭遇"软暴力"后的压力。	1. 小组成员签到； 2. 进行场景模拟； 3. 成员对此场景的感受； 4. 吐槽会：成员吐槽平时自己遭遇过的老师的"软暴力"或者见过的"软暴力"，最后试演，谈感受； 5. 成员自主讨论如何应对所发生的事件，并写出小组讨论的结果； 6. 讲解"软暴力"以及如何平复调解、保护自己的内心，并通过现场情景再现的方式去传授调节方式； 7. 巩固团队精神，约定下次见面时间并留下小问题。	

续表4-2

时间	地点	目标	活动内容	所需物资
	第七节：结营仪式——再见少年
	活动时间：2019年××月××日
19:00—20:30	某职业技术学校	1. 带领小组成员回顾活动，体悟每期活动的感受； 2. 引导小组成员分享自己的成长和感受； 3. 做好结营心理安抚，宣布结营。	1. 小组成员签到，带领小组成员回顾小组契约； 2. 用PPT回顾整期活动（给予小组成员反馈）； 3. 以丰富的环节设置引导小组成员表达自己的感受，绘制自己的小组成长线； 4. 结营小互动。	A3纸、签字笔、彩纸

小组外活动如表4-3。

表4-3 小组外活动

家庭	及时引入家庭的参与，为受暴者们提供情感支持和心理支持。
学校	通过讲座宣传等方式，让学生识别什么是校园暴力及应对措施，从大环境改善校园暴力的现状。
老师	引起老师的重视，巩固宣传成果。

物资清单如表4-4。

表4-4 物资清单

| | 第一节物资清单 |
序号	名称	数量	单价（元）	总价（元）	备注
1	A4纸	20张	0.10	2.00	
2	小本子	17本	10.00	170.00	上翻线圈本大约74mm×109mm
3	圣诞树	1棵	48.80	48.80	1.5m
4	玩偶	1个	10.00	10.00	
5	表情贴画	3板	12.80	38.40	三种不同表情，50mm
6	签字笔	19支	1.00	19.00	
7	彩色卡纸	5张	0.50	2.50	红、粉、黄、黑、蓝
8	双面胶	3卷	2.00	6.00	
9	剪刀	1把	4.00	4.00	
10	小盆栽	19盆	3.00	57.00	
11	凳子	17把	—	—	
12	彩色票夹	1盒	10.50	10.50	50支
13	往返交通	2人	15.00	30.00	
	小计	colspan="4"	398.20元

续表4-4

第二节物资清单					
序号	名称	个数	单价（元）	总价（元）	备注
1	A4纸	20张	0.10	2.00	
2	签字笔	19支	—	—	
3	矿泉水瓶	6个	—	—	
4	车费	2人	15.00	30.00	
	小计			32.00元	

第三节物资清单					
序号	名称	个数	单价（元）	总价（元）	备注
1	A4纸	20张	0.10	2.00	
2	签字笔	19支	—	—	
3	水彩笔	3盒	20.00	60.00	
4	往返交通	2人	15.00	30.00	
	小计			92.00元	

第四节物资清单					
序号	名称	个数	单价（元）	总价（元）	备注
1	树叶	若干片	—	—	
2	水彩笔	3盒	—	—	
3	双面胶	3卷	2.00	6.00	
4	签字笔	19支	—	—	
5	洋葱	2个	3.00	6.00	
6	往返交通	2人	15.00	30.00	
	小计			42.00元	

第五节物资清单					
序号	名称	个数	单价（元）	总价（元）	备注
1	签字笔	19支	—	—	
2	彩色卡纸	2袋	8.00	16.00	
3	指压板	6个	10.00	60.00	
4	方便面	17包	1.00	17.00	
5	纸箱	1个	—	—	
6	往返交通	2人	15.00	30.00	
	小计			123.00元	

续表 4-4

		第七节物资清单			
1	A3 纸	4 张	0.50	2.00	
2	签字笔	19 支	—	—	
3	彩纸	3 袋	8.00	24.00	
4	往返交通	2 人	15.00	30.00	
小计				56.00 元	
合计				734.20 元	

小组评估报告案例

一、背景资料

1. 小组名称：康养生活小组。
2. 小组性质：发展和教育。

康养生活小组针对 B 社区老年人，有着发展和教育的双重功能。发展功能主要体现为关注参与小组的老年人的身心健康发展，帮助他们在晚年获得科学的健康知识和理念。

3. 小组周期：2020 年 10 月 16 日至 11 月 20 日。
4. 小组聚会次数/频度：6 次，每周 1 次。
5. 每次聚会所需时间：2 小时。
6. 小组参加者资料如表 4-5 所示。

表 4-5 小组参加者资料

序号	姓名	性别	年龄（岁）	学历	报名途径	存在的问题
1	李某	男	62	初中	女儿介绍	三餐不按时吃，对自己的生活规划较差
2	成某	女	57	大专	自愿报名	患有高血压，需要按时服药
3	周某	女	58	中专	社区介绍	缺乏老年伙伴，常常感到孤独
4	王某	女	56	本科	自愿报名	退休后难以适应社会角色的转换，缺少社会交往
5	张某	男	65	中专	自愿报名	极少户外活动，缺乏锻炼
6	杨某	男	62	初中	社区介绍	丧偶独居，缺乏与他人的沟通，业余兴趣单一；儿子长期在外地，缺乏亲人的陪伴，倍感孤独
7	沈某	女	63	中专	自愿报名	缺乏锻炼
8	吴某	女	61	初中	自愿报名	对养生感兴趣，但是找不到正确的方法

7. 出席人数：8 人。

二、小组社会工作的目的及目标

1. 目的。

使老年人身体及生活方式更加健康，促进老年人精神和心理健康。

2. 目标。

（1）通过适当的运动使老年人参与锻炼，并促使其形成自主锻炼的良好意识。

（2）通过老年慢性病的知识讲座，帮助老年人了解相关疾病预防及疗养知识。

（3）培养服务对象的健康保健意识和合理的行为方式。

（4）教授老年人一些基本的日常保健方法，缓解老年人因为患病而产生的负面情绪。

（5）通过回顾人生来正确认识自我，帮助老年人重新拾起晚年生活的信心，完善自我，平衡日后对生活的期望。

三、评估

1. 过程评估。

（1）对小组成员的评估。参与小组的组员们从一开始的内向、拘束、不安变得开朗、积极，不但积极参与到小组活动中，还会积极地帮助其他组员，人际交往能力得到了提升。组内成员的交流气氛和学习气氛都非常良好，良性竞争与和谐交流并存。在参与过程中，组员获得了有关健康维护的知识，也了解了一些健康管理的策略。

（2）对工作者的评估。通过 6 次小组活动的开展，小组社会工作者形成了默契十足又各有分工的工作模式，并且在每一节小组活动后都会询问组员的意见，并在下一次小组开始时积极改进。工作者运用社会工作专业方法解决小组内存在的问题，排查容易发生问题的隐患。在小组结束时，带领组员回顾小组的整个过程，反思小组过程中出现的不足，评估小组目标的达成。

（3）对客观因素的评估。小组活动期间的资源使用率高，社区给予了很多支持。在资源链接方面，请来了医务人员，更加专业地开展活动。6 次活动整体节奏把握得较好，时间安排和人员分工合理。

2. 结果评估。

（1）生活质量的改变。根据服务前对服务对象的问题和需求分析得出，几位老年人的生活质量不高，存在一些落后的思想观念。通过开展老年养身操的学习活动、科学饮食教育活动、医疗知识科普活动等，改善了老年人的健康认知，丰富了老年人的休闲方式，使得服务对象更加热爱生活，提升了生活质量。

（2）心理情绪状况的转变。在前期对老年人的心理、情绪健康进行调查时发现，一些老年人在退休、独居或经历其他社会关系发生改变的事件后，往往会产生消极、抑郁等不良情绪，没有合理的渠道疏解，家庭和社区缺乏对老年心理的干预。通过开展红色歌曲欢唱会和"讲出我的故事"等活动，引导老年人学会倾诉，帮助其纾解内心的不良情绪，分享生命中的美好点滴，从而使服务对象的心理状况和情绪达到更加健康的状态。

（3）社会参与的转变。在开展服务项目前通过参与式观察了解老年人社会生活的开展情况，发现老年人主要参加的社区活动是棋牌娱乐和社区文艺演出，活动类型单调且缺乏与其他人的沟通和交流。为丰富服务对象日常活动内容，促进其社会参与，通过开展手工制作、清洁家园和其他社区志愿服务，促进服务对象的社会参与，提升了服务对象对自身的认同感和对社区的归属感，使得老年人更积极主动地结交益友和参与社区事务。

（4）服务对象的满意度调查。通过问卷调查的方法来了解服务对象的满意度情况。满意度分为对活动内容的满意度、对服务提供者的满意度、对服务质量的满意度三种。

A. 对活动内容的满意度。

对活动内容的满意度调查结果如图 4-1 所示，80.0%的服务对象对活动内容表示非常满意，16.7%的服务对象表示较为满意，仅有 3.3%的服务对象表示对活动内容不太满意，没有服务对象表示不满意。因此，总体来看，服务对象对活动内容是比较认可和满意的。

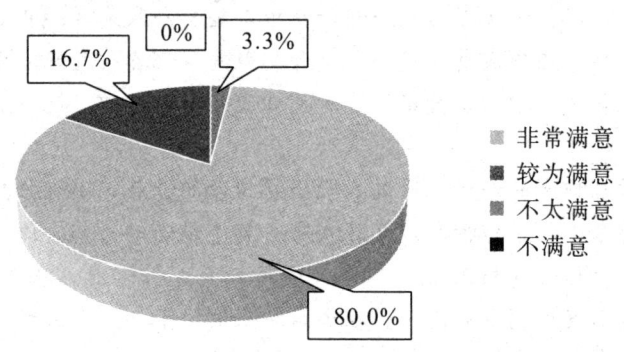

图 4-1　服务对象对活动内容的满意度

B. 对服务提供者的满意度。

如图 4-2 所示，服务对象对社会工作者的服务态度、与服务对象的沟通交流、对活动时间的把控的满意度还是较高的，但在沟通交流方面还存在一些不足，如沟通可能存在代沟、语速过快等问题。

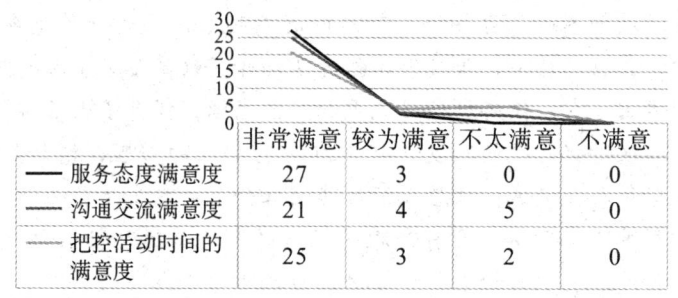

图 4-2　服务对象对服务提供者的满意度

C. 对服务质量的满意度。

如图4-3所示，服务对象对于服务质量的满意度较高，说明在活动的选择和执行过程中满足了服务对象的需求。同时大部分服务对象还愿意继续参加此类活动，说明活动的设置得到了服务对象的认可，并且可以推动后续服务的连续开展。

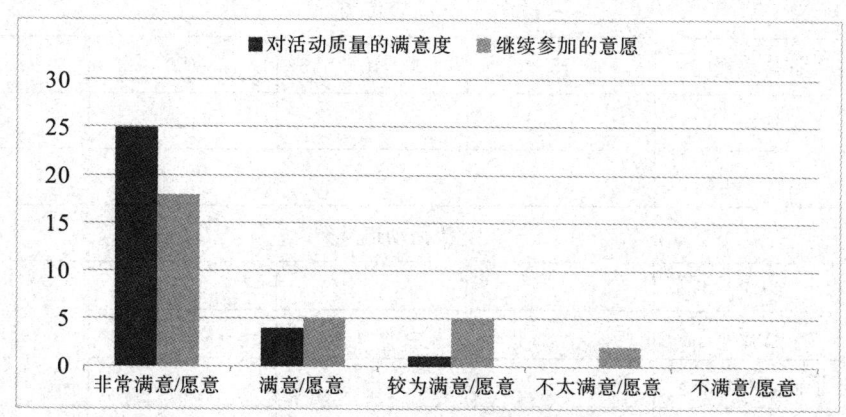

图4-3 服务对象对服务质量的满意度

(5) 小组目标达成情况（表4-6）。

表4-6 小组目标达成情况

小组节数	小组活动目标	目标达成情况
第一节	组员间、组员和工作者之间建立专业关系，营造良好的小组氛围。	目标达成。促进了组员间的相互认识，增进了组员和工作者的感情。
第二节	使组员学会老年养生操和手指操，并能够独立开展锻炼。	基本达成。大部分组员都记住了手指操的动作，养身操还需要不断练习。
第三节	使组员了解科学的饮食习惯和方式，并且注重日常的饮食管理；了解服药的注意事项。	基本达成。在问答环节中，组员对健康食品非常了解，并且在后一天的三餐中得到了体现。
第四节	丰富老年人锻炼身体的方式，促进组员间的交流。	基本达成。积极学习新的锻炼方式，并且积极分享交流自己的活动心得。
第五节	使组员了解保健品骗术，树立正确的保健意识和养生意识。	目标达成。老年人了解到常见的保健品骗术，并且了解到身体健康是不可能一蹴而就的，要从生活中的每一件小事出发，健康生活。
第六节	促进组员对自我的认知，树立自信，积极展示自己。工作者处理好离别情绪。	目标达成。组员们纷纷展现自己的才艺，与小组刚开始的拘束形成对比。工作者的离开并不代表活动的结束，而是每一天都要健康生活。

3. 费用情况（表4-7）。

表4-7 小组社会工作费用情况

物品类别	单价（元）	数量	合计（元）	备注
宣传类				
宣传海报	15	10	150	
横幅	100	1	100	
小计（元）			250	
活动道具类				
桌子	—	—	—	社区提供
椅子	—	—	—	社区提供
话筒音响设备	—	—	—	
围巾	40	10	400	
DIY工具套组	20	10	200	
小计（元）			600	
奖品类				
有奖问答小礼品	5	20	100	
小计（元）			100	
其他类				
纸杯	5	6	30	
饮水机	—	—	—	社区提供
桶装饮用水	20	6	120	
养生专家劳务费	800	1	800	
法律工作者劳务费	400	1	400	
小计（元）			1350	
总计（元）			2300	

4. 遇到的困难。

（1）老年人参与积极性受到活动内容的影响，讲座等稍显枯燥。

（2）天气寒冷，室内锻炼内容较为简单。

5. 建议。

（1）老年人的身体处于不断衰退当中，在对老年群体开展服务时，更要关注老年人的身体、情绪的变化，尊重每一位老年人。

（2）活动要综合考虑到老年人的身体状况、精神态度、心理发展等因素，选择简单易学、趣味性强、安全性较高、与老年人的能力相符的活动。活动难度适当，可以调动老年人的兴趣，活跃老年人的思维。合理的时间安排也十分重要，可避免活动的枯燥感。

（3）老年人的身体情况会影响活动的开展。活动开展时，首先要充分考虑到老年人的身体状况，听力和视力的下降会影响活动进程。工作者与老年人展开对话时，要充分考虑老年人的听力，适当扩大音量。老年人的体力也在下降，会影响老年人参与锻炼活动，可以老年人当下的体力和体能为准，适当调整活动进程。其次，老年人的心理影响活动的设置。老年人接受新鲜事物的能力下降，服务内容如果太过于新鲜，会导致其产生畏难和抵触情绪。所以在活动内容的设置上要保留一些老年人熟悉的项目，使老年人对小组活动有熟悉的感觉。

第五章 社区社会工作

作为社会工作三大直接方法之一的社区社会工作,在社会工作实务中具有独特的功能。社区社会工作既是一种基本的工作方法,也是一种促进社会变迁的重要途径。与个案社会工作和小组社会工作不同,社区社会工作不直接解决个人与家庭的社会问题,而是以整个社区为工作对象,通过社区组织与社区发展来解决社会问题、推动社区发展。可见,与前两种方法相比,社区社会工作更加宏观、涉及面更广、更侧重社会环境与制度的变迁。

本章主要从社区社会工作概述、社区社会工作的主要模式、社区社会工作的过程、社区社会工作的技巧等方面展开。

第一节 社区社会工作概述

一、社区的含义与构成要素

(一)社区的含义

社区概念最早是由德国社会学家滕尼斯(Tönnies)在1887年提出来的。他认为社区是由若干亲族血缘关系结成的社会联合,即共同体。美国学者对社区的定义主要有两个方面:一个是从功能论的角度,认为社区是由具有共同目标和共同利益关系的人组成的社会团体;另一个是从地域性的角度,认为社区是在一定地域内共同生活的有组织的群体。

我国关于"社区"的概念,最早是费孝通先生在1933年介绍美国芝加哥学派创始人帕克(Parker)的社会学时,用来翻译英文Community一词的,主要是指以地区为范围,人们在地缘基础上结成的互助合作的群体,用以区别在血缘基础上形成的互助合作的亲属群体。郑杭生在《社会学概论新修》中把社区定义为,进行一定的社会活动、具有某种互动关系和共同文化维系力的人类群体及其活动区域[1]。也有人强调"共同

---

[1] 郑杭生:《社会学概论新修》,中国人民大学出版社,2003年,第272页。

体"这一人群要素,认为社区通常指以一定地理区域为基础的社会群体[①],这个群体在共同从事的经济和政治活动中,基本上形成了一个具有某些共同价值标准和相互从属心理的自治的社会单位。

综合以上观点,我们认为,社区是指在一定地理空间内的人群及其社会性活动的总称。这一概念包括三个要素:①特定的地理空间,包括村落、乡镇和城市;②生活在其中的一群人,包括人口的数量、观念、素质、密度等;③各种社会性活动,包括个体间的认同、相互关系及经济与文化活动等。

(二)社区的构成要素

社区的构成要素有许多种,每一种要素在社区中所起的作用是不同的。这里主要探讨对社区有重大影响的构成要素,这些要素既是影响社区结构与变迁的要素,也是正确理解社区的重要途径。

(1)地域要素。一般来说,地域是指人们从事各种社会活动和社会生活的场所,是人们基本的生存空间,也可指那些能满足人们基本需要的设施、机构所能发挥作用的地理范围。从范围看,社区的地域小于城市的地域,但社区地域到底是一个多大的范围并没有也不可能有一个确切的规定。

(2)人口要素。人群是构成社区的主体。社区人口是指具有稳定的社会交往关系的一定数量的人群。对社区的人口要素可以从数量、构成及分布三方面进行分析。人口数量通常是指生活在某一时期社区的人数,与人口数量直接发生关系的有出生、死亡和迁移三个因素。社区的人口构成包括多方面的特征,如人口的婚姻状况、家庭组成、职业类型、阶级阶层划分、民族组成和宗教信仰、教育消费水平、城乡居住地类型、国籍、语言等。一般地,又把出生地、国籍、民族、宗教、语言、种族特性或居住状况称为人口的本源结构。社区人口的分布指某一社区体系中人口的自然或地理分布情况,包括人口的密度、距离、互相交往或与其他社区相联系的方式。

(3)区位要素。在社会学中,"区位"的主要含义有两个方面:一是地理上的区域或位置,每一个社区都要占有一定的地域范围,它是人们从事社会活动空间分布的区域;二是在这一区域内长期形成的生活网络或生活系统,每一个人所占的不同地位及所扮演的不同角色。总之,社会区位既指住宅、工厂、商店、街道等的地理布局,也指社区居民、群体及组织的空间分布、地位和角色。

(4)结构要素。社区结构指社区内的各种社会群体和组织之间的关系,包括政府机构、企业、学校及医院等。

(5)社区心理要素。社区心理要素是指社区居民在情感和心理上对自己所属社区产生的一种归属感和认同感。一般来说,这种心理要素有助于社区共同行动的产生,对于经济和社会的发展有重要的影响。

(6)组织要素。组织是指为了一定目的而组成的持续的、固定的人群关系。社区一

---

① 中国大百科全书总编辑委员会《社会学》编辑委员会:《中国大百科全书·社会学卷》,中国大百科全书出版社,1991年,第356页。

般由多种类型的组织构成,这些组织存在的目的是满足社区生存和发展的需要。根据社区内组织中的人际关系性质,社区的组织可分为正式组织和非正式组织两大类。在现代社区中,正式组织是社会正常运作的主要成分,非正式组织则起辅助作用。社区组织的结构可分为垂直式的等级结构(上下级关系)和水平式的网络结构(互不隶属的关系)两种形式。

(7) 文化要素。社区文化主要是指社区居民在长期的共同生活和工作中所形成的各种规范和观念的总和,具体表现为语言文字、公正象征、知识信仰、价值体系以及有关行为程序中的惯例、规则中的文化。社区文化有教化、认同并产生社区的凝聚力与延续社区发展的作用。

(8) 物质和保障要素。社区物质要素主要是指社区居民的生活和活动所需要的基本服务设施,是社区开展活动的基础和保障。社会保障指对社区成员的基本生活的保障(即对最低生活保障线以下的人员的保障)。将社会保障机构建立在社区是实现社会保障属地化管理的关键步骤,社会保障的属地化管理又是社会保障事业社会化的一个环节。

(9) 社区变迁。社区变迁是指社区结构局部或全部因时间或相关要素的改变而发生质或量的变化。可以从以下几个方面考察社区的变迁:社区的阶级结构、职业结构、社区组织、社区文化价值观与行为规范等。影响社区变迁的主要因素包括科学技术的进步、自然环境的改变和人口因素等。

二、社区社会工作的含义、目标、特征

众所周知,社会工作包括个案社会工作、小组社会工作和社区社会工作,社区社会工作(简称社区工作)被视为社会工作的三大工作方法之一。与个案社会工作和小组社会工作相比,社区社会工作是形成得比较晚的一种社会工作的方法。

(一)社区社会工作的含义

社区社会工作是一个充满争论的概念,由于学术观点不一,界定也不同。高信斯(Goetschius)于1974年提出了一个比较具体的定义。他认为,社区社会工作是社会工作的一种方法和一个过程,社区社会工作者在这个过程中促使社区居民相互协作,运用这个过程以达到有效用和有效率的关系,通过运用适当的资源去实现居民自己选择的目标。罗斯(Rose)认为,社区社会工作是一个过程,社区居民在这个过程中决定自己的需要和目标,寻找他们所需要的资源,并采取行动去满足这些需要和实现目标。他还特别指出,要达到这个目的必须在社区内发展居民的合作精神和将这种精神付诸实践。邓汉姆(Dunham)给出的社区社会工作的定义被同行广泛采用。他认为,社区社会工作是一个有意识的社会接触过程和社会工作的方法,应当包括以下三个方面的内容:①满足社区需要,调适社区资源;②协助居民解决问题,培养居民的参与精神,提高居民的自决能力与合作意识;③改善社区间和社区小组间的关系,优化社区内的决策机制。

总体来看,人们通常从两个维度来理解社区社会工作:其一,社区社会工作是社会工作的一种专业方法,是综合运用专业实践模式,帮助社区的行动系统参与有计划的集

体行动，达到解决社区问题、推动社区发展的目的。其二，社区社会工作是社会工作的一个实务领域，是以社区为对象的社会工作介入手法，即针对某一目标社区，运用专业方法提供多元化服务，以提高居民社区意识，建立友善邻里关系，协助居民运用社区资源，满足社区需求、解决社区问题、实现社区和谐。

综上所述，所谓社区社会工作，是以社区及其成员整体为对象的社会工作介入手法，通过组织成员有计划地参与集体行动，解决社区问题、满足社区需要。在参与过程中，让成员建立对社区的归属感，培养自助、互助和自决的精神，加强其社区参与及影响决策的能力和意识，发挥成员的潜能。

(二) 社区社会工作的目标

罗斯曼（Rothman）从目标及其达成的角度，将社区社会工作的目标区分为任务目标（task goals）和过程目标（process goals）两类。所谓任务目标，是指通过解决特定的社区问题，包括完成具体的工作任务，以满足社区需要，达成社会福利的目标。这些改善是具体而实在的。这里的任务目标实际上就是社区社会工作的总体目标，因为社区社会工作的最主要目的就是解决社区的社会问题，满足社区的需要。所谓过程目标，是指在达成任务目标的过程中实现的中间目标，主要以提升社区居民的能力和社区团结为目标，在此过程中增强居民对社区事务的参与，通过建立社区信息沟通渠道来凝聚社区力量。

从社会工作专业角度出发，社区社会工作希冀达成以下具体目标：

(1) 推动居民参与，解决社区问题。相信居民有能力解决与之生活相关的问题，因此，促进居民参与，既有助于问题的解决，也有利于居民的自我成长，通过居民参与同时达成社区社会工作的任务目标和过程目标。

(2) 改善社区关系，提升社区意识。一是通过与政府机构、辖区单位等建立良好互动关系，表达居民诉求，争取资源以解决社区问题、满足社区需求；二是推动组织间合作解决社区问题，形成社区凝聚力；三是推动居民间沟通、交流、合作，培养相互关怀和社区互助的美德，提升社区归属感。

(3) 挖掘社区资源，满足社区需求。社区社会工作的一个主要目标就是使社区需要与社区资源之间能够协调配置。因此，社区社会工作者在社区的重要工作之一便是挖掘社区的资源，通过资源的合理配置满足居民需求。

(三) 社区社会工作的特征

作为一种方法的社区社会工作有其独特性，与个案社会工作和小组社会工作相比，主要具有以下几个特征：

(1) 以社区为对象，这是社区社会工作的首要特征。社区社会工作的对象不是个人，也不是家庭或小组，而是整个社区。社区社会工作的重点是解决社区内群体所面对的集体性问题，或者居民共同关心的社区事务。

(2) 采用宏观结构的视角分析和介入问题。在分析社区问题时较多采用宏观结构视角，认为社区问题的产生并不完全是个人自身的原因，而是与社区周围的环境、社会制度及整个社会密切相关。据此，社区社会工作者解决问题的方法不是单纯要个人改变适应环境,而是要改变环境和不合理的制度与政策。可见,社区问题的解决较多涉及宏观层面的社会政策分析及调整,注重资源和权力的分配。

(3) 短期目标与长期目标相结合。在社区社会工作中,短期目标与长期目标同样重要,任务目标和过程目标同样重要。如果只是改善环境、改变制度,但是居民自身的素质、能力等没有得到发展,社区社会工作也不算是成功。据此,社区社会工作十分重视居民的参与,强调通过动员和组织居民参与,用集体行动的方式解决问题,从而让居民明确自己的责任,行使自己的权利和减少无权心态。

(4) 善用社会资源。社区社会工作重视挖掘并善用社区内外的各种人力资源和组织资源,更相信居民潜能有待进一步发掘和运用。社区社会工作不应当只靠专业工作者的能力,那些存在于社区内的非专业的支持网络(如邻居、朋友和亲属)也可以发挥很大的作用[①]。

第二节　社区社会工作的主要模式

社区社会工作模式是社区社会工作实务的提炼和总结。社区社会工作在发展过程中产生了不同的工作模式,这些模式在认识问题的角度和解决问题的方法上均存在较大差异。其中,地区发展模式、社会策划模式、社区照顾模式、社区行动模式以及社区发展治理模式是社区社会工作中较受关注的策略模式。

一、地区发展模式

地区发展模式是由美国学者罗斯曼(Rothman)提出的社区社会工作实务模式。该模式主张发动社区内不同人士和团体,通过广泛参与达到自助和互助的目标,改善社区关系,增强对社区的归属感。地区发展模式的重点是提高居民的民主参与意识,挖掘并培养在地人才,认为社区问题的解决主要依赖于社区内部资源的发掘与利用。地区发展模式主要有如下特点:关注社区共同性问题,注意通过提升社区自主能力来实现社区的重新整合,强调过程目标的地位和重要性超过任务目标,特别重视居民参与。地区发展模式通过促进居民之间的交流、团结邻里、社区教育、提供服务和发展资源、社区参与等策略来得以实施。在地区发展模式中,社会工作者扮演着使能者、教育者、中介者和协调者的角色,鼓励并发动居民自己思考问题的根源,寻找解决问题的办法,以提升居民的参与意识、合作精神与解决问题的能力。

地区发展模式较适用于居民背景比较单一、关系良好、政治情况比较稳定、社区变迁较为缓慢的社区。运用该模式时应注意:①只能涉及较小的问题,对于由体制导致的问题无能为力;②强调依靠内部资源和居民参与,但这并不能彻底解决问题;③它假设不同团体存在共同利益,但是这些利益在工作中会发生变化。

---

① 周沛:《社区社会工作》,社会科学文献出版社,2002年,第65~66页。

二、社会策划模式

社会策划模式较适用于问题比较复杂的社区,是指由专业人员针对具体社会问题,根据相关信息,运用专业技术知识制订合理的社会变迁计划,并将社会目标转化为实务手段,为社区居民提供合适服务的模式,这是一种自上而下的社区社会工作方法。社会策划模式具有注重任务目标的实现、强调运用理性原则处理问题、注重由上而下的改变以及指向社区未来变化等特点。其主要的实施策略有明确组织的使命和目标、分析环境和形势、自我评估、界定和分析问题、确定需要、确定目标、选择可行方案、测试方案、执行方案以及评估结果等。在社会策划模式中,社会工作者扮演技术专家和方案实施者的角色,居民是被动参与的,一般是服务的消费者和接受者。

运用社会策划模式时应注意:①策划依赖过去和现在的资料制订计划,该计划可能并不完全适用于未来的实际场景;②理性计划由于受各利益团体的影响而很难真正保持价值中立。

三、社区照顾模式

社区照顾始于20世纪50年代的英国。社区照顾模式是指统筹协调社区中的正式网络和非正式网络,为有需求的人士提供社区服务与支持,使其与社区融合,并建立起具有关怀性的社区的过程。社区照顾模式认为,个人自助、家庭支持、机构照顾、市场服务和政府介入都存在某些不足,而社区照顾则有利于建立输送体系、满足差别需要、提升居民自治能力和强化社区意识。该模式旨在使困难人群生活在社区内或享有社区人士提供的服务,具有能够协助服务对象正常地融入社区、强调社区的责任、强调非正规照顾的作用以及提倡建立相互关怀的社区等特点,使被照顾者能够像正常人那样在自己熟悉的社区环境里生活,而不再产生被抛弃感,因而受到普遍欢迎。社区中的特殊困难群体及家庭是社区照顾的重点对象,其中既包括特殊困难群体,也包括服务对象的家庭照顾者。为此,社会工作者可以采用资源调动、社区联络、倡议、训练等宏观技巧和个案介入、网络服务等微观技术,并体现相应的治疗者、辅导和教育者、经纪人、倡议者以及顾问等多元角色。在社区照顾中,工作对象基本上是服务的消费者。

运用社区照顾模式时应注意:作为社区社会工作的新模式有不少优势,但也要求社区社会工作者在推行实务过程中注重正式资源的建设,关注非正式资源的品质,兼顾政策和执行,并注意服务团队和服务手法的双重整合。

四、社区行动模式

社区行动模式在西方较为常见,在中国较少使用。该模式认为,社区问题的产生主要是社区中存在着权力与地位的分化,社区中的一部分人处于劣势地位,他们被剥夺、被忽视,失去了权力,由此导致了社区问题的产生。针对这种社会的不公平、不平等现象，提出社区问题的解决策略是组织居民参与集体行动，去改变社区中的权力关系与资源分配，或者通过基本制度的变迁提高弱势群体的社会经济地位，从而实现预定的目标。为此，需要与居民一起组织社会行动，可以通过讨论、公开辩论、大众传媒呼吁等方式向公众表达其问题及困境，以引起社会的关注与同情；也可以通过请愿、游说、游行示威、静坐等行动向有关当局施加压力，以寻求问题的解决。在社区行动模式中，社会工作者扮演着行动的策划者、服务对象的代言人等角色。该模式比较适合那些社会矛盾较为突出、居民利益缺乏保障的社区。

五、社区发展治理模式

社区发展治理是治理理论在社区领域的实际运用，是指政府、社区组织、居民及辖区单位、营利性组织、非营利性组织等依据正式的法律、法规以及非正式社区规范、公约、约定等，通过协商谈判、协调互动、协同行动等方式，对涉及社区共同利益的公共事务进行有效管理，从而增强社区凝聚力、增进社区成员社会福利、推进社区发展进步的过程。社区发展治理主要包括以下含义：社区发展治理的主体多元化，社区发展治理的目标过程化，社区发展治理的内容扩大化，社区发展治理是多维度、上下互动的过程。由此可见，社区发展治理不单是一种制度、一种结果，更重要的是一种过程。社区发展治理是政府、社区居民委员会、社区社会组织、驻社区单位以及社区居民共同参与社区事务治理的过程。

社区发展治理的主要目的：提倡互助合作精神，鼓励社区居民通过自力更生解决社区问题；培养社区居民的民主意识，在社区发展过程中促进居民积极参与本社区的公共事务；加强社区整合，促进社区变迁和社会进步。社区发展治理的主要目标：一是当前目标，包括协助社区认识其成员的共同需要，协助社区运用各种援助，协助社区开发和利用社区资源，协助社区改善物质、文化生活条件。二是终极目标，包括提高社区的经济发展水平和经济收入水平，建立良好的社区内部人际关系及合理的社区结构，发展社区居民的自组织和社区组织，培养居民的民主意识和自治及互助能力，提倡有利于社会进步的伦理道德，发展科学教育及文化事业等。

社区发展治理模式的工作内容主要包括社区调查、社区发展计划的制订、社区内部力量的动员与协调、社区发展基金的筹集、社区服务以及社区发展方案评价等。社区发展的组织模式主要有由中央政府设立专门机构主管制定社区发展的基本政策、研究社区发展的长远规划，再分设地方相应机构和组织，推行社区发展计划的整体模式；由各有关部门、团体分别制订计划并执行的代办模式；政府将社区发展工作交给一个或几个部门负责，将社区发展工作同部门工作结合起来进行的分散模式。

案例小剧场：社区邻里互助和志愿行动的工作方法

江苏省苏州工业园区某社区"串门卡"行动。某社区工作委员会为促进社区居民的交往和沟通，扩大居民交往范围，使其建立良好的互信关系，面向辖区内居民发放了"串门卡"，鼓励居民主动敲门接触"相逢却不相识"的对门邻居，为改变冷漠的邻里关系迈出第一步。"串门卡"上写道："对门（隔壁）邻居你好，我是××室的×××，当你遇到困难需要我帮助的时候，请敲门或者拨打1386216××××，有空我们串串门吧！"楼道组长（"串门卡"传递大使）上门发放"串门卡"，拿到卡的居民和对门、隔壁的邻居交换卡片，居民可从初步的认识达到熟悉。随着"串门卡"的发放，居民之间的串门交流增多。如某社区19幢的小艳通过"串门卡"找到了志趣相投的好友，两个不折不扣的宠物迷平时都会在一起遛狗，并交流养宠物的经验，如果谁出差或是回老家了，宠物还可让对方代看代管。居住在某社区的老张夫妇通过"串门卡"牵线搭桥，和对门邻居一起度过了一个温馨热闹的中秋节。某社区的居民通过"串门卡"与隔壁邻居构建"拼车拼网"。

案例小剧场：南京某社区互助会

南京某社区互助会从"人、文、地、产、景"五个维度出发，活化社区，举办无敌少儿团、小小建筑师、明志书屋——社区图书馆、社区体育健身俱乐部、彩虹屋慈善捐赠及跳蚤市场、全生命周期的社区教育、互助居家养老、社区帮扶社区等组织活动。激发社区居民活力，开展各种类型的社区活动，倡导社区结社，培育社区组织，助力社区治理；将社区成员对生活和社会的要求转化为活动，为活动的实施提供专业服务；构建社区互助平台，激发志愿者精神，提升居民公益意识，提高社区幸福指数，变生疏的邻里关系为互相信任扶持的邻里关系；重拾契约精神，使更多的人能够参与到社区活动中，主动承担公共事务，统筹社区资源互帮互助。

虽然不同的社区社会工作模式有不同的特点，但社区社会工作作为社会工作专业方法之一，还是有着共同的特点，体现出独特的优势。其一，社区社会工作强调社区成员合作和调动社区资源以帮助服务对象，这是其不可替代的优势。其二，社区社会工作鼓励社区成员关心社区问题、积极参与社区活动，能够增强社区的凝聚力，以共同解决社区问题。其三，社区社会工作能从外部社会环境入手，更有效地推进社区问题的解决。

第三节 社区社会工作的过程

社区社会工作的过程是指为实现社区社会工作的目标而实施的一系列连贯有序的工作步骤，它由不同的阶段构成，每一特定的阶段都有特定的目标和任务。各个阶段之间层层递进、环环相扣，形成一个整体。由于角度不同，对社区社会工作过程的认识也不统一，有四阶段说、五阶段说、六阶段说、七阶段说等。此处我们采用五阶段说，即将社区社会工作过程划分为建立专业关系、收集与分析资料、制订社区社会工作计划、实施计划、成效评估五个阶段。

一、建立专业关系

建立专业关系是社区社会工作的第一步,是指与社区居民、社区组织等进行有效沟通,对社区中的问题与服务需求达成一定共识,并建立协作、信任的良好工作关系的过程。

在这一阶段社会工作者应开展的主要工作有:①提供配合服务对象需求的服务信息渠道;②了解与评判社区居民所遇到的问题以及其自助意愿;③决定如何提供进一步服务的计划;④让社区居民了解社区社会工作机构与社区社会工作者的能力和职责;⑤明确服务的范围,认定服务对象资格;⑥建立和谐、合作的关系;⑦协商服务契约的建立;⑧确定社区居民、社区组织与社区领导人的角色;⑨在接触的初期就要为服务对象提供适当的帮助,以获得其信任。

二、收集与分析资料

收集与分析资料就是运用科学的方法收集社区及其居民的相关资料并加以分析,以便真正地了解社区情况、探索社区需求。

收集社区资料就是要全面认识和了解社区,应围绕社区的基本状况和社区需求两方面展开。具体而言,收集资料的内容主要包括社区的基本资料、社区内的资源及问题、社区评估。社区的基本资料包括社区的地理区域及环境、社区内的人口状况及居民的生活水平、生活方式、人际关系等。社区内的资源包括社区各项设施及其利用情况、社区内有能力的个人及机构情况、社区的文化特色等。社区内的问题包括社区内共同性的问题和社区内群体性的问题。社区评估主要指对社区需求与资源的分析和判断,常用的工具是布雷德绍(Bradshaw)1972年提出的四种需求的理论:①感觉性需求,指社区居民或服务对象感受到或意识到,并用言语表述出来的需求。②表达性需求,指社区居民或服务对象把自身的感觉通过行动表达出来的需求,例如申请服务、排队等候服务等。③规范性需求,指由专家学者、专业人士、政府行政官员评估而决定的需求。④比较性需求,指社区居民或服务对象将所得到的服务与其他类似社区进行比较而认为有所差别的需求。还可以运用SWOT分析法对社区的内外部条件进行综合分析。收集社区资料通常会用到的方法包括文献法、问卷法、访谈法和观察法等。

分析资料就是对收集来的资料及时加以分类整理,运用专业知识对资料进行初步分析并得出专业结论,以了解社区真实的情况与需求。具体分为两个方面的内容:其一是专业性描述,即用专业知识描述社区情况、社区的问题及需要、社区的资源情况等;其二是评估,即对社区问题即需要的性质、强度、解决问题的方法与途径等做出解释,列出解决问题的先后次序,并对这些内容写出书面报告。

三、制订社区社会工作计划

社区社会工作计划是基于社区的实际情况,在社区分析阶段做出的专业界定的基础上,为实现社区社会工作目标而制定的行动方案。社区社会工作计划的内容主要包括:

(1) 工作目标的选择和确定。在制定社区社会工作目标时,既要制定整体目标,也要根据每一阶段的具体任务制定具体的阶段性目标。

(2) 服务对象。要清楚地界定该项社会服务的目标群体。通常服务对象的界定条件分自然条件和社会条件。自然条件包括性别、年龄、地区、种族、健康状况等,社会条件包括收入、工作、教育程度、对服务的交费或供款情况、家庭支持状况等。同时还要估计服务对象的数量、集中程度、服务频次等。

(3) 服务的形式和手段。要根据服务对象的需求,设计有针对性的服务形式和手段。通常把服务对象的需求分为生理性需求、物质性需求、情感性需求、社交性需求等几方面,然后根据自己的资源、财力、专业素质等,设计出相应的满足需求的形式和手段。

(4) 财力安排和人力安排。要计划相应的筹资渠道、筹资数量和财政分配预算,满足服务的推行需要;还要有相应的人力资源筹划,包括岗位设置分析及人员的素质结构、数量、招聘方式、培训和激励方式等。

(5) 服务活动时间进度表。要计划服务的时间进度,并且根据时间进度列出相应的具体表格,便于控制、评估进度等。

(6) 介入策略。具体的策略措施主要是发现事实和分析技巧的运用,而在社会关系上则是根据具体的情景选择冲突性或者共识性措施。具体的策略措施可分为两部分。一是理性技术性措施,包括调查社区的问题,收集事实资料,比较分析方案的利益得失,选择最优方案,并学会组织管理、落实方案,监督方案的执行,最后评估方案的成效等。二是社会关系措施,根据具体的情景,要么选择冲突性措施,比如游说、倡导、谈判、竞争、抗议等;要么采取共识性措施,比如协商、沟通、对话、合作、分包、交换等。

(7) 社区社会工作者与案主系统的角色和任务。在社区社会工作计划中,社区社会工作者和参与者在将来的工作中承担什么样的责任义务、扮演什么样的角色,都应一一列明,这是保证计划有条不紊、按部就班进行的依据和保障。

(8) 协同工作的单位。社区社会工作涉及多方利益主体,需要各方参与协作。协作单位包括辖区内外的企事业单位、社会组织以及政府机关等。

(9) 实施计划的具体行动方案以及资源和资金的使用方案。

(10) 工作程序及工作时间表。

四、实施计划

社区社会工作计划的实施需要分阶段,按照工作进程主要分为三个阶段:

第一阶段为准备阶段，主要开展人、财、物的配置以及服务的宣传和推广工作，包括发动群众、挖掘资源、建立新组织、联系原有的组织等步骤。①发动群众，就是鼓励居民积极主动地参与社区事务，为社区发展献计献策。②挖掘资源，就是动用各种力量，把社区内外潜在的人力、物力、财力资源开发出来。③建立新组织，就是把居民组织起来。④联系原有的组织，就是联络当地的居民组织、社团、福利机构或把与自己工作性质相同的团体组织起来，建立更大的组织或结成联盟。

第二阶段为开展阶段。在这一阶段，社区社会工作者和服务对象系统一起运用各种手段采取切实行动解决社区面临的问题和需要，提高服务对象解决问题的能力，实现预定目标。主要采取的策略有：①为居民提供急需的服务。②谈判。

第三阶段为结束阶段，主要工作有：①巩固组织，加强组织的力量。②加强内部的分工合作。③建立稳定的资源系统。④对组织成员进行专业培训，提高他们的工作能力与技巧。

五、成效评估

该阶段是对前一阶段的工作成效的全面检查。社区社会工作成效评估主要围绕工作的产出情况、工作目标的实现程度、成本与效益的比例等几个方面进行，可以通过定性或者定量方法开展评估。社区评估应遵循如下原则：工作目标应具体明确、可量度、可操作；社区社会工作者、社区行政管理人员、社区居民以及相关的专家共同参加评估。评估的过程可分解为五个主要步骤。

1. 界定评估目标

（1）所测评的成果必须是适当的。在制定评估目标时，应该明确指出计划的预期对象，即从这项工作中受益的个人、团体、组织或社区。

（2）评估目标的描述必须清楚和明确。

（3）社区社会工作者应在评估目标上达成共识，避免纷乱争议。

（4）把评估目标与社区社会工作计划目标联系起来。

2. 建立成果评估方法

在评估中，成果测量的操作化是十分重要的步骤。在将成果测量操作化时，一定要使操作性指标具体、可供量度，并且有效而适当。

3. 选择适当的研究设计

为了证实计划或措施是否有实际效果，可以采取控制组和时间序列测量的方法。

4. 选择适当的收集资料的方法

收集资料的方法很多，常用的有问卷调查法、访问法、观察法、文献法等。不同的方法提供的资料和信息不一样，各有利弊。因此，有效的成果评估往往会采用不同的方法去收集所需要的资料。

5. 使用综合分析方法

收集到资料后,接下来就要对它进行分析,看计划是否达到了预定目标。分析的方法有定量分析和定性分析,可以将两者结合起来使用。

第四节 社区社会工作的技巧

为了提供高质量的服务,在社区社会工作过程中应该掌握一些基本的实务工作技巧,主要包括社区分析技巧、建立与维系关系的技巧、动员与组织技巧、活动程序设计技巧以及行政管理技巧等[①]。

一、社区分析技巧

社区分析技巧是社区社会工作中较早使用的技巧。实际上,在进入社区前,就已经开始了社区分析工作。社区分析技巧主要有:

(1) 了解社区的结构、过程、资源、问题、需求等的技巧。
(2) 分析社会政策及社会问题的技巧。
(3) 社区观察技巧。
(4) 街头访问技巧。
(5) 文献分析技巧。
(6) 家庭访问技巧。
(7) 社区领袖访问技巧。
(8) 社区调查技巧。

前面两种技巧有助于对社区需求与社区资源的整体把握,是一种综合分析能力。后面六种也是获取资料的方法。

二、建立与维系关系的技巧

在社区社会工作中经常需要与社区居民和社区组织及有关团体打交道,获取他们在各方面的支持,获得他们的接纳是顺利开展工作的前提。因此,建立与维系关系的技巧贯穿于社区社会工作的始终。

一方面,要掌握与居民接触的一般沟通技巧。居民是社区社会工作者开展社区社会工作的依靠对象,又是实现社区社会工作目标的受益群体,在社区社会工作中与居民打交道是常态,所以必须掌握与居民接触的一般沟通技巧。与居民的接触可以是正式的,

---

① 朱眉华、文军:《社会工作实务手册》,社会科学文献出版社,2006年,第121页。

也可以是非正式的；可以是一对一的，也可以是集体的。要善于运用街头谈话、家访、电话访谈、电子媒介等形式与社区居民进行沟通。

另一方面，还应具备与政府部门、社会团体、政治团体打交道的技巧。在社区社会工作中，会不同程度地与政府部门、社会团体、政治团体等打交道，借助其资源谋求改变，所以需要具备与这些部门打交道的技巧。可以了解组织的运作情况、分析组织之间的关系、把握组织间的交往准则，以及合理运用增加接触机会、求同存异等组织接触的技巧。

三、动员与组织技巧

动员与组织技巧在召开社区会议及开展社区活动时经常使用。要具备动员、组织居民的技巧，发掘和培训社区领袖的技巧，建立与运作居民组织的技巧，主持会议的技巧等。动员和组织居民可以通过直接接触和间接接触途径进行。直接接触是指社会工作者和志愿者通过信件、家访和电话、设立街头宣传站、户外喊话、召开居民大会等方式与居民直接接触。间接接触是指通过大众传媒、展架、广告、宣传册、海报、横幅等方式将信息传递给居民。

四、活动程序设计技巧

活动程序设计技巧是操作性较强的技巧。在社区社会工作中，社区活动的程序设计注重宏观的策划活动、制定目标、宣传策略等技巧，还有行政层面调动社区内外资源和评估指标的技巧等。

五、行政管理技巧

社区社会工作的行政管理技巧主要有处理文件资料的技巧、处理财务的技巧以及进行计划与评估工作的技巧。

第六章　社会服务项目

社会工作服务通常通过社会服务项目来实施。本章主要通过社会服务项目概述、社会服务项目的实施主体和资源、社会服务项目运作的基本环节、社会服务项目的实施、社会服务项目的监测与管理等内容的介绍，来帮助大家概略地了解社会服务项目的主要内容。

第一节　社会服务项目概述

社会服务项目与一般项目不同。本节通过对社会服务项目的含义、社会服务项目的类型等内容的介绍，让大家从总体上了解什么是社会服务项目。

一、项目的含义

项目产生于人类对生产活动的细分。一般认为，项目是为提供某种独特的产品、服务或成果所做的临时性努力，是在一定时间内为达到特定目标而开展的一系列相关活动。项目具有一些共性特征，主要有如下三个特征。

（1）目标性。项目往往都是为了解决某些社会问题或群体问题，带有一定的目标指向。

（2）时间性。每个项目都有一个期限，何时开始、何时结束一般都有明确的规定。

（3）资源整合性。项目的执行需要动用物资资源、财政资源、人力资源、信息资源等各种相关的资源，但每个项目可以利用的资源又是相对有限的，需要项目的设计者审慎考虑自身获取资源的能力和限制，设计合适的项目内容。

项目的类型多种多样，根据不同的划分标准可以将项目分为不同的类型。可根据涉及的领域将项目划分为经济项目、公共项目和社会项目。经济项目往往以效率为目标，具有营利的取向。公共项目是公共部门提供的物品或服务，具有非竞争性、非排他性。社会项目的根本目标是增进社会福祉和维护社会公正，将社会效益置于首位。本书中论述的社会服务项目即属于社会项目。

二、社会服务项目的含义

社会服务有广义和狭义之分。广义的社会服务，如蒂特马斯（Titmuse）的定义，是指通过将创造国民收入的一部分人的收入分配给值得同情或救济的另一部分人，而进行的对普遍的福利有贡献的一系列集体行动。狭义的社会服务，如国际劳工组织（ILO）的定义，是指面向弱势群体的需求和问题所进行的干预，包括康复服务、家庭帮助服务、收养服务、照料服务，以及由社会工作者或相关职业提供的其他支持服务。社会服务项目是指政府、企业或基金会等资助者通过服务外包或资助，由社会组织承接的公益性的服务项目[①]。

社会服务项目具有其他一般项目的共性，其任务涉及多方成员，范围能够界定，独特性大于重复性，具有明确的起止时间。同时，社会服务项目作为以困难人群生活改善为特定目标的项目类型，又具有自身的特殊性。社会服务项目与其他类型项目之间最大的差别在于它的干预对象不是物而是人，这一特征带来了社会服务项目实施的难度，也增强了项目运作结果的不确定性。这些特性使社会服务项目较之于其他类型的项目更加复杂，且效果不易评价。

三、社会服务项目的类型

根据不同的标准，可以把社会服务项目分为不同的类型。

（一）专项项目和综合性项目

依据服务对象和服务内容可将社会服务项目划分为专项项目和综合性项目。专项项目，也就是单项项目，指有明确的服务对象和服务目标的项目。综合性项目则是一个平台，可以把各类服务对象放到该平台上来，整合资源，并根据服务对象的不同需要提供不同服务。

（二）政府购买、基金会资助和企业赞助的社会服务项目

根据项目来源，可将社会服务项目划分为政府购买、基金会资助和企业赞助的社会服务项目。所谓政府购买服务项目，即政府是公共服务项目经费的承担主体。随着政府管理模式从"大政府、小社会"向"小政府、大社会"的转变，政府向社会组织购买社会服务已成为一种常态。政府购买的社会服务项目有专项项目，也有综合性项目；有实体性项目，也有非实体性项目。基金会也是社会组织获取项目资金的重要来源。作为社会主体的基金会一般以公益服务为目标。随着基金会的转型，资助型基金会越来越多，通过提供项目资金资助社会组织提供社会服务。企业资助是社会组织获取项目资金的另一个重要来源。企业在追求盈利的同时，也要履行其社会责任，通过实施公益活动，增

---

① 赵海林：《社会服务项目运作实务》，中国人民大学出版社，2018年，第3~4页。

强企业的社会影响力,而资助社会组织提供社会服务就是一条重要的途径。

第二节 社会服务项目的实施主体和资源

社会服务项目承接及实施主体主要为社会组织,政府、企业、社会组织都可以成为社会服务项目的资源提供者。

一、社会服务项目的实施主体

社会服务项目的实施主体主要为社会组织。社会组织逐步承担了原来由政府包办的社会服务,在扶贫、支教、助学、特殊群体支持、培训等方面发挥着越来越重要的作用。

(一)社会组织的概念及基本属性

社会组织又称民间组织、非政府组织、非营利组织等,泛指在一个社会里由各个不同社会阶层的公民自发成立的,在一定程度上具有非营利性、非政府性和社会性特征的各种组织形式及其网络形态。社会组织是社会服务项目的实施主体,是除政府与企业之外向社会提供公共服务的法人实体。

社会组织的基本属性是指各类社会组织共有的一些基本特征。针对我国社会组织的类别和构成,将其特性归纳为非营利性、非政府性和社会性三方面:

(1)非营利性。非营利性是社会组织区别于市场经济中的企业等营利性组织的本质属性。社会组织不以营利为目的,其非营利性体现在三个方面:一是存在非营利的分配与收入的约束机制,要求社会组织的捐赠人、理事会成员和实际管理者不得从其财产及运作中获得利益;二是存在非营利组织的组织运作和管理机制,要求社会组织具备有效避免较高风险与较高回报的自我控制机制,避免用利润和收益作为激励手段;三是存在非营利的资产保全机制,要求社会组织的资产和产生的利润不得以任何形式转变为私人财产,只能用于合乎其宗旨的其他社会活动。

(2)非政府性。非政府性是社会组织区别于政府的根本属性。社会组织不是政府机构及其附属部分,其非政府性包含三个方面:一是社会组织的基础是社会旨趣而不是履行国家职能;二是决策体制和治理结构不同于政府,社会组织实行理事会治理;三是运作机制不同于政府,社会组织按照宗旨提供公共服务并承担相应的公共责任,追求非垄断的市场竞争性。

(3)社会性。社会组织是面向社会大众、从事社会公益事业、以社会服务为主要目的的实体。社会组织的社会性集中表现在三个方面:一是资源的社会性,指这类组织得以存续和发展的资源主要来自社会,它们通过开展募捐、接受捐赠、申请资助、收取会费等方式,直接获得来自社会的各种公益性或共益性资源;二是产出的社会性,指这类组织所提供的产品或服务具有较强的利他或公益导向,其受益对象或是不特定多数的社会成员，或是社会上的弱势群体；三是问责的社会性，指这类组织在其运作管理的过程中要受到来自社会及公共部门的问责与监督。

（二）社会组织的类型

我国的社会组织登记管理制度依法将社会组织划分为社会团体、基金会与社会服务机构三种形式。

（1）社会团体。社会团体是指由中国公民自愿组成，为实现会员共同意愿，按照其章程开展活动的非营利性社会组织。它具有两个基本性质：一是自愿性，即社会团体由成员自愿发起成立，参与活动以自愿为基础。二是非营利性，指社会团体的利润不分配给所有者和管理者。社会团体除了具备社会组织共有的经济、社会和政治功能外，还具有表达会员共同诉求、协调会员集体行动、形成会员共同体等三个特殊功能。根据性质和任务，社会团体又分为学术性、行业性、专业性和联合性社团这几类。

（2）基金会。基金会是利用自然人、法人或者其他社会组织捐赠的财产，以从事公益事业为目的，依法成立的非营利性法人。基金会除了具有其他社会组织同样的非营利性和非政府性外，还具有以下属性：第一，公益性。基金会源于捐赠，有明确的公益宗旨和公益用途。第二，以公益财产为基础的基金信托性。基金会最显著的特点在于它是以捐赠为基础形成的、以基金形式存在的公益财产的集合。第三，治理结构的特殊性。由于基金会有着许多不同的利益相关者，他们各自拥有的权利不同，故相应的责任和义务也有所不同。基金会具有资源动员、社会倡导、公益服务、资助孵化等功能。

（3）社会服务机构。社会服务机构是指企业事业单位、社会团体和其他社会力量以及公民个人，利用非国有资产举办的从事非营利性社会服务活动的社会组织。其与社会团体、基金会的主要区别在于它是一种直接提供社会服务的实体性机构。社会服务机构除了具有民间性、非营利性、独立性等特点外，还具有以下特性：其一，实体性。有明确的设立主体，是具有从事某种专业服务的实体组织。其二，市场性。虽不以利润为取向，但追求在既定条件下的产出最大化，由此获得经济效益和社会效益。其三，服务性。直接面向社会开展服务。社会服务机构具有提供社会服务、增加就业机会、承接政府职能、参与市场竞争等功能。

二、社会服务项目的获得途径

社会服务项目的运作需要资源投入，其中最重要的就是资金。政府、企业、社会组织都可以成为社会服务项目的资金提供者，但社会服务项目资源的获得亦必须遵循各类组织的相关申报程序。

（一）国家－市场－社会的三元模式构架

在国家－市场－社会的三元模式构架下，政府、企业和社会组织形成功能互补的关系，见图6-1。政府的主要职能在于提供公共物品，但由于组织结构和权力的集中，在提供公共物品中可能产生高成本和低效率，以及寻租与腐败等问题，形成"政府失灵";市场通过营利机制配置资源,为获取最大化利润而生产,没有利润的物品和服务,市场不会生产或生产不足,形成"市场失灵";社会组织以宗旨为导向,为社会上有需要的人提供社会服务,满足社会的公益与互益性需求,但社会组织所提供的公共服务并非不需要成本,要持续提供公共物品和服务,同样需要耗费资金,如果缺乏资源就会形成"志愿失灵"。

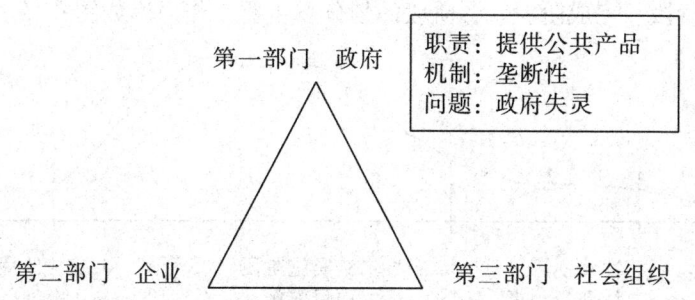

图6-1 国家－市场－社会的三元模式架构图

资料来源:王名:《民间组织通论》,时事出版社,2004年,第21页。

(二)社会组织获得社会服务项目的途径

社会组织获得社会服务项目的途径有许多,主要的途径有:

(1) 申请政府购买服务项目。政府主管部门每年会发布购买服务项目指南,集中公布该年购买社会组织服务意向,集中组织申报和评选,并及时发布项目立项通知等。

(2) 申报基金会或企业的慈善项目。除了政府购买服务项目外,基金会或企业等也会不定期地发布一些慈善项目申报指南。

(3) 整合资源,拓展资助渠道。社会组织也可以根据自身的资源和机构目标自主开发一些服务项目,在一些媒体上发布,或主动向政府相关部门、基金会、企业等进行宣传,拓展项目资助渠道。

第三节 社会服务项目运作的基本环节

广义的社会服务项目运作是指项目运行的整个过程,即按照既定的社会服务项目方案,运用系统的观点、方法和理论,在实施整个项目的过程中有效地对资源进行配置和管理,以达到项目目标而进行的所有活动。狭义的社会服务项目运作主要指项目的实施过程。广义的社会服务项目运作的过程就是社会服务项目的生命周期。

一、社会服务项目的生命周期

项目的生命周期是描述项目从开始到结束所经历的各个阶段。项目"四阶段说"把项目分为识别需求、提出解决方案、执行项目、结束项目四个阶段,亦可称规划阶段、计划阶段、实施阶段、完成阶段。各阶段的划分及主要工作内容如图6-2所示。

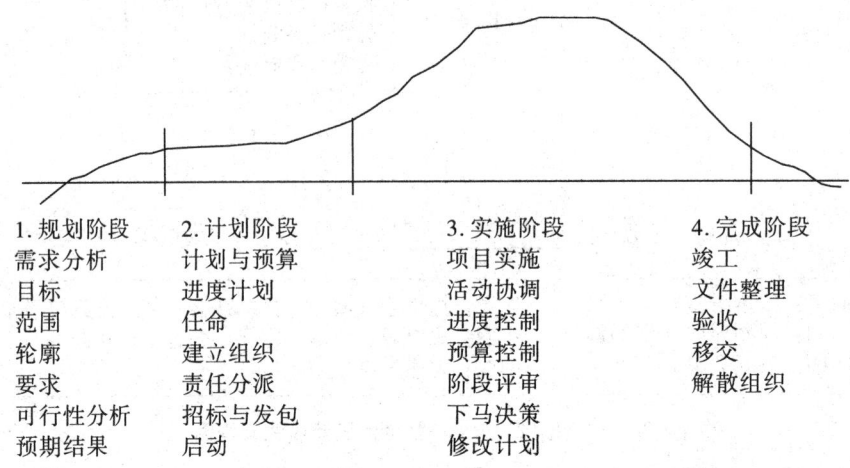

图6-2 项目"四阶段说"

资料来源:赵海林:《社会服务项目运作实务》,中国人民大学出版社,2018年,第13页。

项目"五阶段说"把项目分为立项阶段、规划阶段、申请阶段、实施阶段和评估阶段等五个阶段,如图6-3所示。

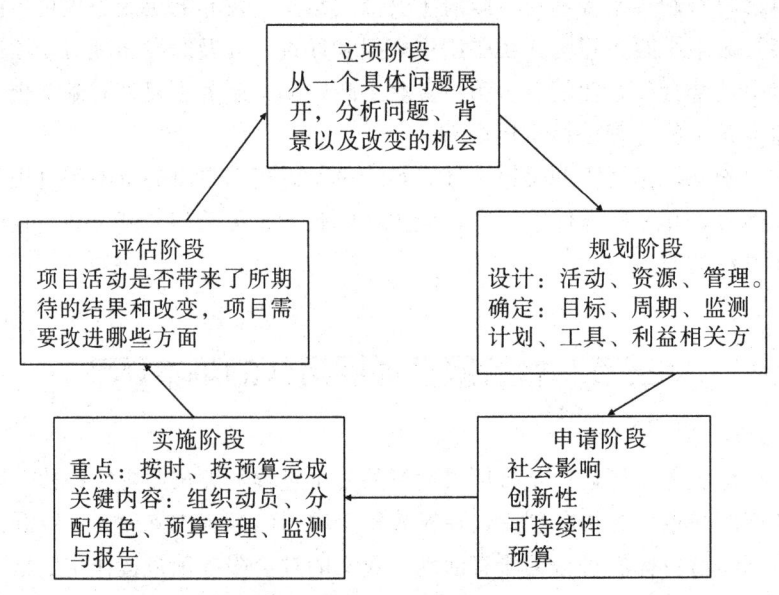

图6-3 项目"五阶段说"

资料来源:赵海林:《社会服务项目运作实务》,中国人民大学出版社,2018年,第14页。

二、社会服务项目运作的基本环节

无论是"四阶段说"还是"五阶段说",项目运作的整个过程都包含项目策划、申请、项目实施以及项目评估等基本环节。

(一)项目策划

项目策划是在前期评估资料分析的基础上,从当地或目标人群的实际情况出发,预测未来实施的项目将通过什么样的方式来回应目标人群的需求的活动。项目策划通过风险分析与管理最大限度保证后续项目的顺利实施。项目策划为未来的合作提供稳定的预期,并作为各方行动和问责的依据。

(二)项目申请

在项目策划书撰写完毕后,即可依据流程进行项目申报。在一般情况下,社会组织申报项目都是先进行网上申报。要留意项目申报书样本的格式要求,按照填写说明的要求进行。

(三)项目实施

执行项目方案的过程就是项目实施。项目实施是方案或者计划从书面转化为现实的必要环节,是服务提供者通过各种方式对服务对象提供服务或干预的过程。项目实施主要涉及四个方面:

一是资源投放。在服务或者活动中所投放的资源,包括时间、人力、财力、活动物资和设备等,这些将有助于服务或者活动的开展。

二是活动和服务。活动和服务数量依据项目计划确定,并受项目成效影响。

三是服务成效。服务成效是活动和服务为个人、家庭、群体、社区和机构所带来的益处和转变,甚至是一些较长远的影响,包括学习、行为和经济状况的改变。

四是理论基础。理论基础指在推行整个活动和服务计划时对服务对象所持的信念、在活动过程中需要遵守的重要原则和理论。

项目的顺利开展除需要执行与服务对象密切相关的活动内容之外,还需要机构制定项目管理制度作为保障。项目的日常管理制度主要包括项目人员(包含项目服务对象)的管理制度、项目进度表、财务管理制度、档案管理制度、项目督导制度、沟通管理机制、项目宣传和志愿者管理制度等。

(四)项目评估

项目评估是购买方对项目实施的一种评价,也是检验项目服务成效和资金使用效率的重要措施。项目评估主体一般由购买方、服务对象、相关专家和社区居民组成,也可直接委托第三方专业评估机构、有评估资质或评估经验的社会组织等实施。评估的结果一方面作为判定服务提供方能否继续承接服务项目的依据,另一方面也有利于推动政府购买服务机制的不断完善。

项目评估存在两种绩效评估模式：一种是结果导向的绩效评估模式，主要考察政府购买服务的效果，这种模式直接影响到"政府要不要购买服务"的取舍；另一种是过程导向的绩效评估模式，主要包括监测日常活动和评估项目活动，这种模式可以加强政府对提供服务的社会组织的监管，从而有效保证服务的质量。将两种模式有机结合，即整合导向的绩效评估模式，成为社会服务项目评估模式发展的新方向。

第四节 社会服务项目的实施

成功申请社会服务项目之后，就需要组织力量实施。实施阶段一般涉及项目执行方式、日常管理等工作。

一、社会服务项目实施初期的工作

服务方案设计完毕，待项目正式立项后，项目就进入了具体的任务执行阶段。方案设计和任务执行需要很好地衔接，只有实施环节严格按照项目要求开展服务，才能最终实现项目目标。

（一）项目调整

1. 项目内容调整

如果由于主客观条件的限制，项目很难完全按照策划书付诸实施，就需要在实施环节对项目进行微调。社会组织如要调整项目内容，需要向资方提供项目变更申请。表6-1为项目实施计划调整表。

表6-1 项目实施计划调整表

项目执行单位（盖章）： 项目编号：

一、项目基本信息	
项目名称	
项目简述	
调整缘由	
二、项目服务实施目标/计划调整情况	
直接受益对象、人数	
间接受益对象、人数	

续表6-1

活动计划	序号	活动名称	活动计划（时间、地点、参与对象和人数）

三、财务调整情况					
活动/类别名称	支出科目	预计金额	实际金额	备注
（活动一）	（科目一）			
	（科目二）			
	（科目三）			

四、其他部分调整说明
（具体阐述需调整的部分和调整后的内容）

五、项目出资方审批意见

2. 项目内容微调的原因

申请项目调整时，需要提供原因说明。调整的主要原因如下：

（1）立项资金改变。主要有两种情况：一是项目申报资金和最后立项资金不一致，通常情况是项目资金缩水，需要根据最后资金额度调整项目内容和项目预算；二是通过其他渠道增加了项目资金，也需要进行项目调整。

（2）立项时间改变。如项目申报书的项目周期是2016年6月1日至2017年5月31日，项目批复时间为2016年8月，这样根据实际情况，项目的周期需顺次延后，以保证项目周期时间的完整性。

（3）服务地点改变。服务提供方和社区是双向合作关系，服务提供方需要获得社区的支持和配合，因此需要根据服务地点情况的变化，对项目实施进行微调。

（4）服务对象需求改变。项目设计中服务对象某一部分的需求已经得到满足，或者在前期服务开展中服务对象产生了新的需求，这时候服务提供方需要根据新的需求调整方案的具体服务内容。

（5）项目管理方认为有必要的调整。例如，项目管理方审查项目后，发现预算存在问题，比如部分费用可能偏高，或者费用不好测算等。

（6）承诺的配套资金难以到账，这时也需要对配套资金进行相应调整。

3. 项目内容微调的原则

（1）目标不变，内容微调。在撰写服务方案的时候，目标和预期成效都是做过陈述的，也是委托方重点关注的内容。虽然项目内容做了微调，但是除了特殊情况，一般情况下项目目标不能发生变化。

（2）资金安排符合立项金额。项目方案中财务预算内容要和立项金额一致。比如申请项目资金是 10 万元，最后立项资金是 8 万元，财务预算要按照 8 万元进行调整，最后评估项目是以 8 万元的资金额度作为评估依据。一般资方在签订合同前会要求社会组织提交项目优化方案。

（3）服务人群不变，数量微调。项目对象的数量可以有适当调整，但是服务人群不能发生变化。根据立项资金或者其他渠道募集到的资金，对服务人数可以做适当增加或者减少。

4. 项目微调的内容

（1）服务对象。根据立项资金和争取到的其他资助，对服务对象人数进行适当调整，并把最新人数作为执行方案提供给购买方。

（2）服务内容。其包括服务的形式、数量、方法。对具体活动数量可以做适当调整，但项目设计时选择的主要服务方法不宜变化。比如项目设计采取个案服务方式，不能调整为通过小组活动的形式开展，需要保持项目设计整体的完整性。

（3）服务资金。按照最终立项额度，重新调整工资、补贴、活动物资、志愿者补贴、宣传材料费、办公费用等经费的预算。

（二）项目任务分解

1. 纵向分解

纵向分解是依据项目实施期限对项目实施内容进行分解，明确每月、每周甚至每天的工作安排。任务分解要体现专业服务的层次性，服务时间的先后安排要符合逻辑，使项目执行人员能够清楚地知道自己的工作任务。某社区儿童服务项目工作任务分解表如表 6-2 所示。

表 6-2 工作任务分解表（按工作内容分解）

月份	工作类别	具体任务	考核指标
3 月	（1）社区宣传	社区宣传	2 次
	（2）社区联系、入户走访和档案管理	走访社区	2 次
	（3）个案服务	走访个案	10 户
	（4）志愿者招募与管理	志愿者招募培训	1 次

续表6-2

月份	工作类别	具体任务	考核指标
4月	(1) 个案服务	个案关怀	10人
	(2) 小组服务	自我探索	1次
	(3) 小组服务	人际交往	1次
	(4) 社区活动	和谐社区	2次
	(5) 学业辅导	周末加油站	4周
5月	(1) 个案服务	个案关怀	10人
	(2) 小组服务	性教育	3次
	(3) 小组服务	人际交往	1次
	(4) 社区活动	家庭工作坊	1次
	(5) 学业辅导	学习小组	4周
6月	(1) 个案服务	个案关怀	10人
	(2) 小组服务	性教育	3次
	(3) 小组服务	人际交往	1次
	(4) 社区活动	家庭工作坊	1次
	(5) 暑期活动	成长夏令营	1次/7天
7月	(1) 个案服务	个案关怀	10人
	(2) 小组服务	性教育	3次
	(3) 小组服务	人际交往	1次
	(4) 社区活动	家庭工作坊	1次
	(5) 暑期活动	成长夏令营	1次/7天

备注：可根据具体情况对表内容进行修改。

2. 横向分解

横向分解是依据项目的服务支出类别进行分解，把全部的费用分解到每项活动中，每项活动再分解为材料费用、劳务费用等，最后把服务支出类别分解到每个月中去。这样分解后，不同类别的费用就能够得到较好的控制，不容易出现超支的问题。具体安排如表6-3（某机构老人服务项目工作任务分解表）所示。

表6-3 工作任务分解表（按费用分解） 经费单位：元

支出项目		类型	计算明细	单价	数量	总价	小计
活动经费	个案关怀服务	重点个案家访交通费	25元/次/人×20次×5人	125	20次	2500	23100
		重点个案家访餐饮费	25元/次/人×20次×5人	125	20次	2500	
		普通个案家访交通费	25元/次/人×10次×5人	125	10次	1250	
		普通个案家访餐饮费	25元/次/人×10次×5人	125	10次	1250	
		家访物资费	100元/人×60人	100	60人	6000	
		季度外游交通费	30元/人/次×4次×40人	120	40人	4800	
		季度外游餐饮费	30元/人/次×4次×40人	120	40人	4800	
	小组活动	志愿者保险费	50元/人/次×40人	50	40人	2000	14500
		志愿者交通费	25元/人/次×20次×5人	125	20次	2500	
		志愿者餐饮费	25元/人/次×20次×5人	125	20次	2500	
		小组活动物资费	300元/次×20次	300	20次	6000	
		志愿者服装定制	30元/人/件×50件	30	50件	1500	
	影像计划小组	志愿者交通费	25元/人/次×20次×5人	125	20次	2500	16600
		志愿者餐饮费	25元/人/次×20次×5人	125	20次	2500	
		影像小组服装定制	30元/人/件×20件	30	20件	600	
		小组活动物资费	300元/次×20次	300	20次	6000	
		影像作品KT板印刷	50元/张×100张	50	100张	5000	
	社区活动	志愿者交通费	25元/人/次×4次×10人	250	4次	1000	6000
		志愿者餐饮费	25元/人/次×4次×10人	250	4次	1000	
		社区活动物资费	1000元/次×4次	1000	4次	4000	
	志愿者奖励计划	志愿者户外拓展活动费	800元/次×4次	800	4次	3200	19200
		志愿者小组活动物资费	300元/次×20次	300	20次	6000	
		志愿者奖励计划交通费	400元/人/次×1次×5人	400	5人	2000	
		志愿者奖励计划餐饮费	60元/人/天×5天×5人	300	5人	1500	
		志愿者奖励计划住宿费	100元/人/天×5天×5人	500	5人	2500	
		志愿者年度奖励纪念品	200元/人/次×1次×20人	200	20人	4000	
支出总计：79400							

（三）项目实施前期的主要环节

（1）选取项目负责人。项目负责人是项目执行好坏的关键，要从专业、经验、资格、能力等诸多方面去考虑，慎重选择项目负责人，选好后对其充分信任并赋权，委托其代表机构处理项目运转中的各类具体问题。

（2）召开项目实施协调会。项目实施前要召开专门的项目协调会，邀请出资方、落地方、承接方和其他利益相关方参加，主要议题是确定利益相关方的权利和义务边界，明确各自职责。出资方有权获取最终执行方案,并对承接方的工作提出具体要求;落地方通常需要提出自身的需求,提出需要协同承接方的事务性工作等;承接方需要向出资方阐明最终的执行方案,解释具体的服务过程、派驻的人员分工、遇到问题的处理机制等。社会服务项目实施需要各利益相关方通力合作,保持密切的沟通,及时处理合作中出现的问题。

(3)明确项目监管内容。在实务领域,项目监督主要包括三个方面:项目过程监管、项目效果监管、委托单位对项目的评价。项目过程监管主要包括文案、考勤情况、活动情况、资源拓展表现、宣传实效等内容,通过图片、文字、视频等形式检查服务的具体介入是否按照项目执行方案开展,以及服务次数、方法、资源链接、宣传效果等。项目效果监管主要包括目标成效、服务对象满意程度等,只有项目目标实现了、服务对象满意了,才是优质的服务项目。委托单位对项目的评价主要是服务目标是否实现,特别是服务有没有创新,有没有形成亮点。在具体实施过程中,机构主要通过这些内容来对项目进行监管,项目实施人员需要根据监管内容来实施项目,项目实施人员在实施过程中需要把这些目标融入项目实施过程中去。

二、社会服务项目常规管理

(一)人员管理

社会服务机构的常规管理最重要的就是对人员的管理。正确处理好人与人之间的关系,对于项目的实施和机构的发展都会起到决定性的作用。

(1)组建项目团队。德鲁克(Druker)认为,越是成功的组织越需要组建团队。团队的力量很快会超越个人的能力极限。组建成功的团队,应该从工作内容着手。首先确定个人的优势,然后把个人的优势和关键的活动结合起来,给团队成员分配适当的工作。在团队中选择一个合格的领导者,通过统一的领导,把个人的优势统一成共同的行动。

(2)加强团队培训与督导。机构督导或项目负责人要对项目团队开展服务相关知识与技能的培训,使之了解服务流程和方法,同时也要加强内部督导,为一线社会工作者提供支持,提升服务质量。

(3)人员流失与任务衔接。人员流失是每家机构都会面临的情况。机构要尽量降低离职率,也要通过加强内部管理和人员储备,确保人员流失后能够快速实现任务衔接。

(二)进度管理

为了保证项目实施的有序和高效,必须对项目进行管理。依时间维度的管理,称为项目进度管理。项目进度管理分为项目前期、项目中期、项目后期三个时间阶段的管理。项目前期管理主要抓项目分解工作、需求调研和建立专业关系。项目中期管理主要督促个案、小组和社区服务的开展符合专业性的要求,在项目开展过程中加强信息沟通,推进内部分享,按时接受专业督导,及时处理遇到的问题。项目后期管理是为了更好地总结周期内的服务，保证项目顺利结束。项目执行人需要进行结果评估，还需要与周期内的服务对象、合作组织处理好结束流程，尤其是服务对象的离愁别绪。为了加强项目进度管理，项目出资方会要求项目执行方提交月报表（如表6-4所示）和季度报表，对于社会服务机构而言，月报表或季度报表也是一种很好的进度管理方式。

表6-4 项目实施月报表

实施机构（公章）：　　　　　　　　　　　　　　　　　　　　　填表日期：

项目名称					
一、项目服务实施情况					
直接受益对象、人数					
间接受益对象、人数					
工作量统计	个别辅导				
	团体活动				
	社区活动				
	其他				
项目完成情况	序号	名称	活动实施情况		备注
	1				
	2				
	3				
	4				
可达成目标：					
阶段性成果和产出（请附支撑材料）：					
二、人力、物资投入					
实施团队	姓名	性别	年龄	专业资质	项目分工
三、财务管理					
预计支出总额		实际支出金额			
支出科目	预计金额	实际金额	备注		
	科目一				
	科目二				
	……				
合　计					

续表6—4

四、监测与评估总结
签名（盖章） 日期：

项目的前期、中期与后期是项目实施的不同阶段。虽然可以将服务分阶段进行，但是每一个阶段不是彼此独立，而是相互联系的。简单来说，项目执行人在项目周期内要实时进行评估，根据评估结果，适时调整服务活动。

在进度管理过程中，要注意紧急事件的处理。在社会服务过程中，很多事情都是令人措手不及的，比如说天气。在做活动的时候，如果没有做好预测天气的工作，很可能一场大雨就把辛辛苦苦策划的活动搞砸，或者一阵高温酷热导致整场活动无人问津。因而需要培养处理紧急突发事件的能力。

（三）档案管理

档案管理是社会组织规范化管理中的一项工作，文件和档案要形成系统化、规范化、标准化、信息化管理，提高办公效率。就服务项目而言，在项目实施过程中，文件和档案以项目为单位进行统一分类、制定目录及编码，存放至档案柜，并对需要保密的文件进行保密处理。

（四）物资管理

物资管理是指对社会服务项目实施中所需要的物资进行管理，主要涉及宣传物资和活动物资。宣传物资主要有横幅、海报、宣传折页、年报等。制作宣传材料应把握重点，将服务成效展示出来，发放宣传物资要注重宣传效益，控制宣传成本和宣传材料发放的数量。活动物资是指在项目中开展活动所需的物资，有活动材料和道具、发放物资等，一般由机构统一采购。材料和道具须根据服务的实施情况选取合适的物资和数量，建立领取登记制度。发放物资主要是在服务中发放给服务对象，作为参与活动的奖励或鼓励的物品等。发放物资须考虑物资对于服务对象的实用性，根据服务情况选取发放物资。发放物资须填写签收单，或者由领用者在发放清单上签字。

（五）宣传管理

项目宣传是在服务策划、项目实施过程中不能忽视的重要方面。项目宣传能够扩大项目影响范围，加强社会对服务人群的认知，树立机构在社会公众中的良好形象，将政府的购买服务展示在公众视野之内，推动社会服务行业的发展。社会服务项目的宣传渠道主要有报纸、电视台、微信、微博、网站等，宣传形式有宣传单页、宣传折页、横幅、海报、宣传纪念品等。社会组织不仅应与传统媒体，如报社和电视台等，建立稳定的合作机制，而且要善于用好网络媒体阵地开展宣传。

(六) 项目督导

社会服务项目执行的进度和透明度均需要有效的督导，只有建立适宜的监督机制，才能保证社会服务项目最后的实施效果。要遴选有经验以及有相关知识背景的人担任督导。督导要及时了解项目进度，确保督导及时有效。项目组需要经常与督导沟通，及时反映在服务过程中遇到的问题。接受督导的社会服务机构为了提升督导质量，需要加强对督导的培训。

(七) 志愿者管理

社会服务机构需要能够提供稳定、持续志愿服务的志愿者。要把志愿精神转化为有效的行动，就需要开展志愿者管理。志愿者管理包括志愿者招募、培训、使用、评估与反馈、激励等内容，如图6-4所示。

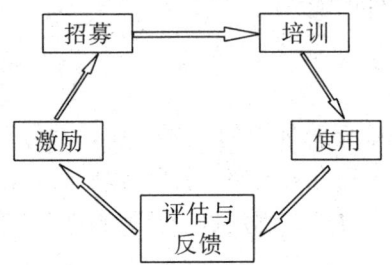

图6-4 志愿者管理的内容

志愿者招募就是把符合项目需要的志愿者吸收到项目活动中来。招募对象包括大学生志愿者和社区志愿者。从机构长远发展来看，应有一定比例的社区志愿者。志愿者培训包括增进志愿者对社会组织和服务项目的了解，还有志愿精神和服务能力方面的培训。培训的方式很多，一般包括讲座、阅读、研讨、实地考察、观看录像、专题讨论、案例、角色扮演、示范等。志愿者使用就是把服务过程与志愿者的参与结合起来。要让志愿者能够参与到服务中来，发挥其应有的作用，否则志愿者会觉得没有成就感和存在感。评估与反馈是指项目结束时需要对志愿者进行合理评估，通过多维度指标综合评价志愿者在公益服务项目中的表现，并能够及时反馈给志愿者。志愿者激励包括通过奖励、颁发证书、牌匾、颁发纪念别针以及举行表彰宴会等，来认可志愿者的工作和贡献。

三、社会服务项目实施表格

项目实施过程要遵循痕迹化管理的原则，确保社会服务的过程能够通过文字、图片、实物和电子档案等形式反映出来，以便于项目评估。项目实施表格是一种标准化记录方式，可以为项目实施提供指引，同时也有利于项目执行的标准化。本节将重点介绍社会工作类项目的表格，主要是个案社会工作、小组社会工作和社区社会工作三大社会工作常用的表格。

(一) 社会工作类项目表格

1. 服务对象的选择和确认

很多社会服务项目并不是事先就有明确的服务对象,购买方不会提供服务对象的名单,需要社会组织根据项目来筛选服务对象。要把符合项目需要的服务对象筛选出来,就需要建立一套服务对象选择标准和选择机制。服务对象确认书如表6-5。

表6-5 服务对象确认书

项目执行单位: 　　　　　　　　　　　　　　　　　　　　　　编号:

项目名称					
受益人姓名			身份证号码		
性别			手机/电话		
家庭住址					
受助方式	名称	规格	数量	金额	备注
现金					
实物					
劳务或服务					
受益对象(监护人)签字			签字日期		

2. 个案社会工作类表格

首次咨询记录表如表6-6。

表6-6 首次咨询记录表

个人信息					
姓名		性别		年龄	
电话		职业		婚姻状况	
证件号码		住址			
接案工作者姓名			接案时间		
接案途径					
家庭信息					
姓名	关系	性别	年龄	从事职业	所在地区	联系方式

续表6－6

问题/需要						
□康复服务 □政策咨询 □老人赡养	□家庭暴力 □哀伤辅导 □就业推荐	□学习问题 □未婚怀孕 □其他（请注明）	□法律咨询 □经济援助 _____	□心理疏导 □纠纷调解	□婚姻问题 □精神问题	□流浪求助 □家庭关系

个案背景：

接案建议：				
危机因素	□低	□中	□高	说明：
紧急服务	□低	□中	□高	说明：
跟进服务	□低	□中	□高	说明：

当事人意愿： □愿意接受服务　　□不愿意接受服务　　□不适用　　说明：

上级督导建议 跟进服务：□需要　　□不需要 任务委派：

上级督导意见： 签名：　　　　　　　　日期：

服务对象问题评估量表如表6－7。

表6－7　服务对象问题评估量表

个案编号：

服务对象姓名		接案工作者姓名	
请填写服务对象认为需要处理的问题	立案日期：		接案日期：
	困扰程度（1～5分，0分表示不困扰，5分表示非常困扰。请在符合情况的数字上画圈）		
1. 经济问题	1　2　3　4　5		1　2　3　4　5
2. 家庭问题	1　2　3　4　5		1　2　3　4　5
3. 情感问题	1　2　3　4　5		1　2　3　4　5
4. 人际关系问题	1　2　3　4　5		1　2　3　4　5
5. ……	1　2　3　4　5		1　2　3　4　5

个案服务过程记录表如表6－8。

表 6-8　个案服务过程记录表

编号：

时间		地点	
服务对象		服务方式	
问题描述：			
服务记录：			
社会工作者签名：		日期：	

个案结案表如表 6-9。

表 6-9　个案结案表

编号：

服务对象姓名		接案工作者姓名	
接案日期		结案日期	
服务过程及现状总结			
协定目标达成情况			
结案原因			
□目标达成 □超出服务范围 □社会工作者认为不适合继续跟进 □服务对象不愿意继续接受服务 □其他原因			
服务对象知道个案已经结束并知道有需要时如何得到服务：□是　　□否			
社会工作者签名		督导签名	
签署日期		签署日期	

个案督导记录表如表6-10。

表6-10 个案督导记录表

编号：

项目名称			
督导时间		服务对象	
个案进展情况：			
意见建议：			
签名：		督导签名：	

个案转介表如表6-11。

表6-11 个案转介表

转介机构			
姓名		联络方式	
初次接案日期		签名	
接收机构			
姓名		联络方式	
接收日期		签名	
个案情况			
个案资料			
有无其他机构提供服务			
服务对象的需求			
采取过的措施			
工作者的评语和建议			

注：1. 本表格所收集的资料只用作本机构提供转介服务之用，资料须保密处理。

2. 本表格接受机构盖章或签名后复印回转介机构存档。

3. 小组社会工作类表格

小组活动计划书如表6-12。

表6-12　小组活动计划书

小组名称	
小组理念（机构背景、设计小组原因、小组的理论架构）：	
小组目标及目的：	
服务对象（类型和特点）：	
小组特征（性质、次数、日期、时间、地点和人数）：	
招募方式：	
活动计划：	
所需资源：	
评估方法：	
风险预测与应对：	
督导意见：	

小组活动签到表如表6-13。

表6-13　小组活动签到表

日期：

编号	姓名	联系电话	签到
1			
2			
3			
4			
5			
6			
7			
8			
9			
……			

小组活动志愿者签到表如表 6-14。

表 6-14　小组活动志愿者签到表

日期：

编号	姓名	联系电话	签到
1			
2			
3			
4			
5			
6			
7			
8			
9			
……			

小组活动督导表如表 6-15。

表 6-15　小组活动督导表

项目名称			
督导内容			
建议			
督导		日期	

4. 社区社会活动类表格

社区社会活动计划书如表 6-16。

表 6-16　社区社会活动计划书

活动名称		活动性质	
日期及时间		负责人	
开展地点		志愿者人数	
活动对象		预计参加人数	

续表6-16

活动开展背景				
活动理念及理论架构				
活动目的及具体目标				
活动对象招募与筛选方式				
活动评估方法				
活动流程（包括各部分的详细步骤、时间分配、所需物资等）				
时间	内容	具体安排	所需物资	负责人员
1				
2				
3				
进度安排及人员分工				
序号	完成日期	工作内容		负责人员
1				
2				
3				
所需物资及预算				
序号	物资	单价	数量	总额	备注
1					
2					
3					
4					
合计:				

续表6—16

可预见的困难及对策	
预计困难	解决方法
1.	
2.	
3.	
其他事项:	
签名:	日期:
督导审批:	
督导签名:	日期:

第五节　社会服务项目的监测与管理

一、项目监测的含义与内容

监测是指定期跟踪、审查和调整项目的实施情况。如果发现实际情况与原计划出现偏差，则需找出原因，对症下药，必要时进行修正及改进。项目的监测主要有以下两个环节：

（1）建立监测机制，以确定如何进行监测，例如监测什么内容、何时进行、谁负责、采用什么监测方法等。

（2）进行监测，即根据已建立的监测机制，检查项目的完成情况。当遇到实际偏离计划时，如何处理以及如何进行变更。

项目监测内容一般包括项目预算、项目进度和项目表现，具体为：项目预算，即项目支出是否控制在预算内？各预算（员工薪酬、活动经费、设施与设备和管理费用）的运用情况如何？有无超支？是否有效地投入了资源？项目进度，即实际执行有无按项目方案开展？所设计的各项任务进度是否在控制之内？有无拖延？项目表现，即各项任务是否有效地达成该任务的目标，项目执行过程中所使用的手法是否合适？

项目监测涉及财务、服务以及人力资源管理等领域，因此与机构的管理制度分不开。要做好监测，非一个项目团队能力所及，需要机构在制度上配合。以下是几种常见的监测方法。

定期收集监测所需的资料：在项目实施阶段，通过各种记录或者表格，例如月报表、服务数据统计表、财务月报表等，了解项目的实施情况，发现潜在问题，提出解决方案，并加以修正。

报告：项目团队定期对监测的信息进行整理、分析及书写，提交给项目负责人或部门作为项目进展汇报。

现场检查：通过现场检查，收集额外的信息，或者确认已收集到的信息。

督导：定期对团队成员进行督导，了解其开展服务的情况及困难，适当地向其提供指导，以提升其完成工作所需的胜任能力。

会议：定期与团队成员以及相关人士召开会议，汇报进展，分享经验，提出建议。

二、社会服务项目管理

（一）项目管理的含义

项目管理是一种管理方法，通过系统的知识、工具和技术，帮助项目管理者在一定时间范围内，为完成预定的目标，更好地规划、组织及管理各种资源，掌握何时该完成何种任务，避免项目管理者各自经验的参差导致效果出现落差。由此可见，如果没有采用全面和系统的项目管理方法对项目的整个过程进行有效的管理，则难称为项目管理。

（二）社会服务项目管理的阶段

社会服务项目管理有两种基本类型：一是资助型管理，主要是对项目进行监管、审批、统筹、倡导、评估、提炼、宣传的过程；二是服务型管理，强调对项目的申请、执行、监控、总结、宣传等环节的管理。

一个项目周期由多个阶段组成，对于具体的阶段则有不同的认识。此处采用美国项目管理协会（Project Management Institute，PMI）所提出的5个阶段论，它们分别是启动、策划、实施、监控和收尾阶段，如图6-5所示。

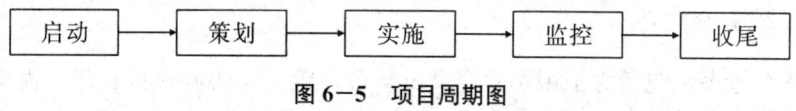

图6-5 项目周期图

（1）启动。启动是项目开始的标志，该阶段主要是确立项目的初步目标、预算及时段，形成项目章程。启动有自上而下和自下而上两种方式。自上而下即组织的管理层认为有某种需要，指定以某种项目形式介入。这种方式多出现在组织参与或者被邀请参与项目投标、项目创投等工作中。由于提出者大多非一线人员，这种自上而下的方式有可能会忽略真正的需要，而产生无意义的项目。自下而上是一线人员发现未被满足的需要，产生对项目的构想，于是向上级提出以项目形式介入。这种方式较能回应真正的需要，但必须要获得管理层的支持，否则难以付诸实施。当管理层或者一线人员对项目萌生想法之后，便须向相关方，例如机构管理层、项目团队、服务对象、当地政府部门等，了解其对项目的看法，以判断是否值得启动接下来的策划工作。

（2）策划。策划是对项目回应的问题制订一个切实可行的方案的过程。其主要包括三方面的工作：一是确定项目范围，即向相关方收集信息，界定项目回应的问题和服务群体；确定服务范围，设定目标。二是设计项目内容，即针对预定目标，设计内容，规划进度，分配责任。三是完成项目方案，即完成人力资源、预算、监测与评估、风险管理等工作事项，最终形成一个切实可行的项目方案。

(3) 实施。实施是通过调动人力、资金等资源，以完成预定的各项任务。其主要工作包括：一是按照项目方案开展工作，必要时进行修订，以便更有效地达成目标。二是与相关方建立关系，保持良好沟通。三是与人力资源有关的工作，包括组建团队、培养团队以及与人事管理相关的各种难题。

(4) 监控。监控是监测与控制两个过程的统称，其主要任务是定期跟踪、审查和调整项目的实施情况。如果发现实际情况与原方案出现偏差，便需寻找原因，必要时进行修正和改进。具体工作包括：①监测项目的预算、进度及表现，即是否有超支、延误，或者所提供的服务是否偏离预定目标等。②控制项目的变更事项，必要时采取纠正措施。

(5) 收尾。收尾是项目结束的标志，是对出资方交付项目成果的过程。虽然逻辑上交付是发生在收尾阶段，但成功交付的关键是在策划阶段需要对交付的要求有所规定，明确评估指标与方法，以及交付的明细安排。本阶段需要完成的工作有：①评估项目成效；②进行结算；③书写总结；④通知相关方项目将/已结束；⑤带领团队成员从服务经验中学习、反思；⑥完成资料管理、存档、成果展示等工作。每个阶段都有其起止时间，但它们之间不是割裂分离的，而是会出现某些时间的重叠。

在这5个阶段中，监控横跨整个项目周期。这说明每个阶段都需要做好监控，以确保按进度完成所需工作。就工作量而言，实施阶段的工作量最多，因此投入的资源也最多，其次为策划阶段。

(三) 社会服务项目管理的内容

1. 项目整合管理

项目整合管理，包括为了识别、定义、组合、统一与协调项目管理过程及活动而开展的各种活动。在项目管理中，"整合"兼具统一、合并、连接和一体化的性质，对完成项目、成功管理利益相关者期望和满足项目要求都至关重要。项目整合管理包括选择资源分配方案、平衡相互竞争的目标和方案，以及管理项目管理知识领域之间的依赖关系等。项目整合管理包括6个过程：①制定项目章程。制定一份正式批准项目或阶段的文件，并记录能反映利益相关者需要和期望的初步要求。②制订项目管理计划。对定义、编制、整合和协调所有子计划所必需的行动进行记录。③指导与管理项目执行。为实现项目目标而执行项目管理计划中所确定的工作。④监控项目工作。跟踪、审查和调整项目进展，以实现项目管理计划中确定的绩效目标。⑤实施整体变更控制。审查所有变更请求，批准变更，对可交付成果、组织过程资产、项目文件和项目管理计划进行变更。⑥结束项目阶段。完结所有项目管理过程组的所有活动，以正式结束项目或阶段的管理。

2. 项目范围管理

产品范围是指某项产品、服务或成果所具有的特性和功能。项目范围是指为交付规定特性与功能的产品、服务或成果而必须完成的工作。项目范围有时也包括产品范围。项目范围管理就是对项目应该包括什么和不应该包括什么进行相应的定义和控制,包括用以保证项目能按要求的范围完成所涉及的所有过程。

项目范围管理最重要的是创建工作分解结构(Work Breakdown Structure,WBS),其操作为:

(1) 把总目标分解成子目标;
(2) 把目标分解成需要完成的任务,即实现子目标的过程目标;
(3) 把任务分解成活动,即实现过程目标的活动;
(4) 把活动分解成工作包。

图6-6和表6-17可供参考,二者可以相互借鉴运用。

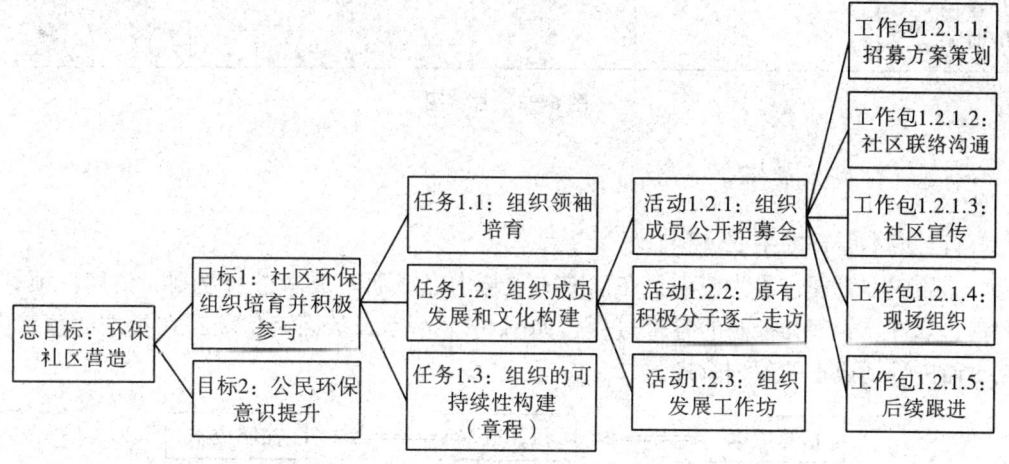

图6-6 工作包结构分解示例

表6-17 工作包结构分解表

工作包	负责人	参与人	资源	地点	时间
工作包1.2.2.1					
工作包1.2.2.2					
工作包1.2.2.3					
工作包1.2.2.4					
工作包1.2.2.5					

3. 项目时间管理

合理地安排项目时间是项目管理中一项关键内容,其目的是保证按时完成项目、合理分配资源、发挥最佳工作效率。项目时间管理的主要工作包括定义项目活动、任务、活动排序、每项活动的合理工期估算、制订项目完整的进度计划、资源共享分配、监控项目进度等内容。

时间管理工作开始以前应该先完成项目管理工作中的范围管理部分。项目首先要有明确的项目目标、可交付产品的范围定义文档和项目的工作分解结构（WBS）。要以经验为基础，列出完整的完成项目所必需的工作，同时要有专家审定过程，以此为基础才能制订出可行的项目时间计划，进行合理的时间管理。

甘特图（Gant Chart）是一种项目时间管理的参考工具，如图6-7所示。

	1月	2月	3月	4月	5月	6月	7月	8月	9月	10月	11月	12月
需求调查	*	*	*									
制订方案				*	*							
开展培训						*	*	*	*	*	*	*

图6-7　甘特图

4. 项目成本管理

（1）成本管理的主要过程。

项目成本管理包含为使项目在批准的预算内完成而对成本进行规划、估算、预算、融资、筹资、管理和控制的各个过程，如图6-8所示，从而确保项目在批准的预算内完工而进行的成本的规划管理。

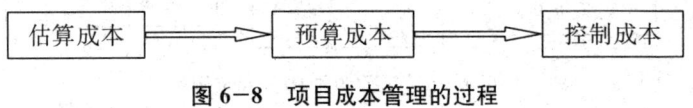

图6-8　项目成本管理的过程

①估算成本。

估算成本是对项目各项活动所需费用进行近似估算的一个过程。常见的估算方法有：

自上而下估算法：这种方法主要是邀请专家，凭借其经验及知识，或者根据过往类似项目的实际费用，自上而下地估算出所需费用。该方法在项目初期或者信息不足的情况下较为常用。

自下而上估算法：这种方法以工作分解结构为基础，对工作分解结构中的活动/工作包里的各项活动进行估算，从而得出所需费用。该方法的前提是完成工作分解结构。

②预算成本。

预算成本是依据估算的结果，计算及汇总项目各项活动所需费用。预算是控制成本的基础，因此，预算可说是成本管理的关键过程。

③控制成本。

控制成本的工作主要为检查项目费用的实际执行情况，监测实际支出是否与预算出现偏差，确保已核准的变更都包括在预算中，并把变更后的项目预算通报给相关方，适当时采取纠正措施。当需要进行预算变更时，要同步启动其他控制过程的变更工作。例如，在超支情况下，需要同步变更"范围管理"，减少所提供的服务以控制成本；也需要同步变更"时间管理"，以加快项目进度。

经费预算的目的在于确保专款专用，控制实际支出；进行监督，保障资金使用的有效性。经费预算要涵盖所有活动项目，包括所有资金来源，要熟悉资助方财务要求。经费预算的内容，根据实际的项目内容进行制定，但基本包含以下几个方面：员工薪酬与福利、活动费用、设施与设备、管理费用等（如表 6-18 所示）。

表 6-18 项目预算内容说明

预算内容	说明
员工薪酬与福利	基本工资、绩效工资、社会保险、住房公积金、其他福利
活动经费	活动物资、交通费、宣传费、人员补贴等
设施与设备	办公家具、打印机、电脑、空调、场地租金、物业管理费、水电费、通信费、办公用品等
管理费用	行政管理人员薪酬与福利、培训督导费、办公经费、税费、评估费用、审计费用、管理储备等

这四类费用的比例会因出资方的要求而有所不同，一些地方的政府购买项目会规定员工薪酬与福利支出不少于总经费的一定比例，例如 60%～70%，其余为活动经费、设施与设备和管理费用。

（2）编制方案预算。

①估算成本。编制预算之前，首先进行估算。

②明确预算内容。将预估的费用，根据预算的四类费用进行划分。如果项目为资助项目，便需要依照出资方对于经费比例的要求，做出合理的预算。预算时需要注意，预留管理储备，区别直接成本和间接成本，适当地把费用按比例分配到相关的项目预算中。

③设计预算表。预算表并没有统一的格式，只要清晰地展示项目所需费用即可。

④确定预算，提交及批准。确定了预算格式后即开始编制预算。编制时，需注意"已整合支出"和"零头处理"。确定后，提交上司/相关部门，获得批准后，项目即可启动。

5. 项目质量管理

质量，通常指产品的质量，广义上还包括工作的质量。产品质量是指产品的使用价值及其属性，工作质量反映与产品质量直接有关的工作对产品质量的保证程度。项目质量管理包括执行组织确定质量政策、目标与职责的各个过程和活动，从而使项目满足其预定的需求。社会服务项目的质量显现如表 6-19 所示。

表 6-19 社会服务项目的质量显现

主观质量	客观质量	社会信誉与形象
项目服务对象的满意度； 项目委托方的满意度； 项目捐助人的满意度； ……	项目计划中所列出的项目目标（指标）和产出； 项目初期设计中列明的一系列的管理指标； 文件的完善性； 过程是否按计划实施； ……	……

6. 项目沟通管理

项目沟通就是在开展社会服务项目工作中进行的交流。项目沟通管理，就是为了实现项目目标，科学地、合理地组织和管理所有项目工作中的沟通交流。项目沟通涉及与出资方的沟通、与服务点的沟通、站点内部的沟通、站点与机构的沟通、与服务对象的沟通等方面。项目沟通管理首先要建立完善的项目沟通管理体系，明确沟通中各关系人的职责和权限，建立沟通反馈机制；其次要保持畅通的沟通渠道，保证沟通的有效性；最后要重视沟通效率，节约沟通成本。项目沟通要注意对沟通方式的选择、对沟通时机的把握，做到有效沟通。

沟通分为内部沟通与外部沟通、正式沟通与非正式沟通、官方沟通与非官方沟通等类型，如表 6-20 所示。

表 6-20 沟通的类型

类型	内容
内部沟通	针对项目内部或组织内部的相关方
外部沟通	针对外部相关方，如客户、供应商、其他项目、组织、政府、公众等
正式沟通	通过报告、正式会议、会议议程和记录、相关方简报和演示等方式进行
非正式沟通	采用电子邮件、社交媒体、网站，以及非正式临时讨论的一般沟通活动
官方沟通	通过年报等方式呈交监管机构或政府部门的报告
非官方沟通	采用非正式、较为灵活的手段，使项目团队及其相关方了解和认可项目，并在它们之间建立强有力的关系

7. 项目风险管理

风险是指可能会带来消极后果的问题。风险管理是指对风险进行的管理，由四个环节构成，分别为识别风险、分析风险、制定应对措施及定期评估风险。分析风险的参数有两个，即风险发生的可能性和风险的影响力。处理风险的对策有四种，分别为回避、转移、减轻和接受风险。项目风险管理如图 6-9 所示。

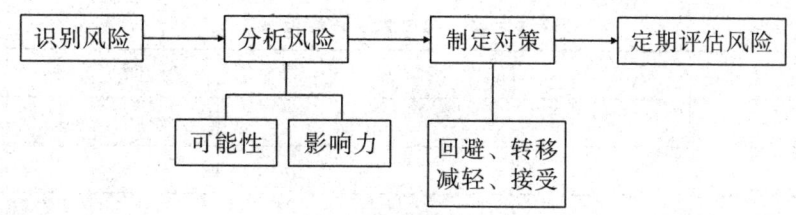

图 6-9　项目风险管理

风险管理不是等到项目实施期间才进行的,而是从项目启动时就要开始,并贯穿项目策划及实施阶段。

(1) 项目启动阶段。该阶段主要进行全观性的风险识别,一般由机构管理层、出资方或者项目发起人执行操作,对项目面临的风险种类进行分析,以确定是否启动项目。

(2) 项目策划阶段。当项目策划阶段所需的任务大致上完成后,即可针对此类工作任务进行风险管理,即识别风险、分析风险和制定对策。本阶段由参与项目策划的相关人士负责,主要探讨:①内容明细表:要实现项目每个目标和完成每项任务,会出现什么风险?②方案预算:要把支出控制在预算内,会出现什么风险?③监测与评估:要对项目进行监测和评估,会出现什么风险?

(3) 实施阶段。如果在策划阶段识别出来的风险真的出现了,需及时按照所制定的对策处理;如果发现新的风险,需重新启动风险管理机制,分析风险,制定对策。这个阶段由项目执行团队负责。

项目风险管理的步骤如表 6-21 所示。项目风险管理框架如表 6-22 所示。

表 6-21　项目风险管理的步骤

步骤	主要内容
1. 准备风险管理框架 (表 6-22)	目标、任务、风险、可能性/影响力、措施、项目方案处理、负责人
2. 根据目标任务识别风险	(1) 要完成项目每项任务,会出现什么风险 (2) 要达到项目每个目标,会出现什么风险
3. 分析风险的可能性和影响力	分析项目的任务以及目标出现风险的可能性以及影响力
4. 制定应对措施	四种策略:回避、转移、减轻、接受
5. 处理与跟进	按照项目的四种策略处理和跟进,同时也需要安排项目负责人,给每项风险的处理措施安排负责人
6. 定期评估风险	风险评估是一个持续性的过程,随着项目进入实施阶段,新的风险可能会出现,故在项目实施中也需要定期进行风险评估

表 6-22　项目风险管理框架

目标	任务	风险	可能性/影响力	措施	项目方案处理	负责人

8. 项目结束管理

项目结束管理即项目运行结束，在项目的收尾阶段进行的项目管理。此阶段需要进行项目总结报告、项目财务报告、项目评估报告、项目汇报会/展示会、持续跟踪等。

第七章 社会工作督导

作为强调实务的应用性、操作性学科，社会工作督导在社会工作专业服务中十分重要。它是社会工作行政中一种重要的间接方法。

第一节 社会工作督导概述

什么是社会工作督导？这是学习社会工作督导首先要弄清楚的问题。本节概略介绍社会工作督导的定义、功能及其在机构中的地位，以帮助学习者从总体上了解社会工作督导。

一、社会工作督导的定义

关于社会工作督导的定义，不同学者、不同组织、不同时期、不同的督导发展阶段有不同的定义。

美国社会工作协会出版的《社会工作百科全书》称，督导是社会工作专业的传统方法，训练有素的社会工作者通过这种方法把社会工作知识和技术传授给新的社会工作者或实习生。阿尔弗雷多·卡杜山（Alfred Kadushin）与丹尼尔·哈克尼斯（Daniel Harkness）在《社会工作督导》一书中认为，社会工作督导者一词是指机构中的行政管理人员有权对其所主管的受督导者的工作表现进行指导、协调、提高和评估。在行使这一职责的过程中，督导者与受督导者要建立积极的关系，并通过彼此的互动来实现督导的功能。督导者虽然不向当事人提供直接服务，然而他们却通过对直接服务的工作者施加影响，来间接地调节服务水平。

廖荣利认为，督导是社会工作专业训练的一种方法，是由机构中知识渊博、经验丰富的专业工作者，对机构内新的工作者，通过一种定期和持续的督导程序，传授专业服务的方法与技术，以提升工作人员的专业技巧，并确保为服务对象提供专业服务质量的一种活动。

在此我们采纳民政部 2021 年发布的行业标准《社会工作督导指南》中的定义：社会工作督导是由资深社会工作者督促、训练和指导社会工作从业人员科学开展专业服务，有效承担工作职责，保障服务对象权益，实现专业成长，促进行业发展的服务过程。

二、社会工作督导的功能

社会工作督导目标分为长期目标和短期目标。长期(最终)目标是向服务对象提供有效率和有效果的社会工作服务。短期目标可以被分成三个不同的领域,也就是行政的、教育的和支持的督导。芒森(Munson)最早提出了社会工作督导的行政功能,玛丽·里士满(Mary Richmond)提出了社会工作督导的教育功能,而卡杜山(Kadushin)第一个正式提出提供支持是社会工作督导的第三种功能。这三大督导功能的确认对于社会工作的专业实践十分重要。

(一)行政功能

《社会工作百科全书》指出,社会工作督导是一个必要的完成工作的行政过程,并且要维护组织的可靠性。所谓社会工作督导的行政功能,是指机构督导者通过招募、分配工作、工作监督、协调控制,促使被督导者认同机构并有效地完成工作任务的功能,是社会工作机构行政中的一项重要工作。行政功能的目标在于保证受督导者能够恰当地实施服务机构的政策及程序,有利于员工贯彻机构的宗旨、执行机构的工作方案,沟通和协调各种工作关系。

(二)教育功能

《社会工作百科全书》指出,督导是一种在实践中由受过培训的人向未受培训的人、由有经验的人向没有经验的学生和社会工作者传授社会工作知识技巧的传统方法。所谓社会工作督导的教育功能,是指督导者为了帮助被督导者提升服务技能、改善服务品质而向被督导者传授工作所需的知识、态度及技巧的功能。

(三)支持功能

卡杜山(Kadushin)认为,督导者有责任维持员工的士气,帮助他们处理与工作有关的挫折和不满,让他们感到作为专业人员是有价值的,拥有一种对机构的归属感及其表现的安全感。所谓社会工作督导的支持功能,是指督导者通过给被督导者提供情绪上的支持与指导,帮助其舒缓压力,获得工作中的满足感。

卡杜山(Kadushin)指出,这三个功能所显示的问题和目标是不同的,详见表7-1。

表7-1 社会工作督导功能比较

督导的功能	主要的问题	主要的目标
行政性督导	关注正确、有效、恰当地执行机构的政策和程序	确保执行机构的政策和程序
教育性督导	关注社会工作者完成工作所需的知识、态度和技巧的不足	弥补不足并提高技巧
支持性督导	关注员工的士气及对工作的满意度	提高士气和工作满意度

虽然督导的三种功能各有不同，但它们是相互补充的。行政功能可整合与协调被督导者在机构中与他人的合作，教育功能可提升被督导者的技能，支持功能则有助于增进被督导者的工作动机。其中，支持功能属于基础性功能。在实际工作中，需要注意三种功能的整合与灵活运用。

三、社会工作督导在机构中的地位

督导者在机构中的等级地位也有助于为"督导"一词下定义。

奥斯汀（Austin）对督导者的地位有过传神的描述：督导者一脚踏在工作者的队伍里，一脚插在管理层中，但是却没有明确归属哪一方，他们是其下属的领导，又是机构领导的下属。有时，督导者被形容为最高级别的雇员、最低级别的管理人员，一名低级管理者、一名高级工作者。督导者既是管理层的成员，又是工作者队伍中的一分子，是连接两者的一座桥梁。

塔尔科特·帕森斯（Talcott Parsons）将组织级别划分为三个不同的层面：①机构层面，负责在机构与外部社会间建立关系；②管理层面，负责在组织与任务环境之间进行协调；③技术层面，负责指导为当事人提供的服务。督导者属于第二、三个层面。与机构上层管理人员更加外向型的工作相比，督导者工作的内向型特征更为明显。形象地说，管理层负责机构的政策和机构的规划，督导者负责机构的管理，而工作者则负责机构的服务。

第二节 社会工作督导的内容

社会工作督导有着丰富的内容。在行政性督导、教育性督导和支持性督导三种功能中，社会工作督导的侧重点有所不同，有着不同的督导内容。

一、行政性督导的内容

（一）行政性督导的主要工作职责

行政性督导具体负责的工作如下：
(1) 员工的招募与甄选。
(2) 引导与安置工作者。
(3) 拟订工作计划。
(4) 分派工作。
(5) 工作授权。
(6) 监控、检查和评估工作。
(7) 沟通与协调工作。

(8) 充当受督导者利益的代言人。
(9) 充当行政管理的缓冲器。
(10) 充当改变媒介。

在履行行政性职责和发挥行政性作用的时候，督导者须根据机构的政策和规章制度，为完成机构的目标，对工作地点、机构设施以及人力资源进行组织安排，并做到保质保量。

(二) 行政性督导直面的问题

1. 连带责任问题

连带责任即督导者对其指派和分配的工作负有最终的责任。连带责任制、失察问责制以及上级负责制等各种学说为这一原则提供了理论基础。根据上述理论，上级要对其下属工作范围内的行为负责。从法律上讲，受督导者是督导者的延伸，两者被视为是一体的。一旦某一个行动付诸实施，那么这一行动就被视为获得了督导者的首肯。如果这一行动实施不力，那么督导者就要为授权给一个不得力的工作者实施这一行动而承担责任。

2. 权威与权力问题

如果认为督导者对行政性督导的实施负有最终的监督责任，那么作为督导者，就应该被赋予权威和权力，以便有效履行这些职责。正如斯塔特（Studt）所述，为了确保工作的完成，组织中处于某一职位的人被授予权威，以指导处于其他职位的人开展角色活动。行政职责离不开权威，这在组织方面是天经地义、顺理成章的。但是，研究发现，督导者具有的最大的一类"不足"与行使管理权威有关，即督导者往往在工作中不愿或不能行使管理权威。

3. 规章制度、违章办事和纪律处分问题

督导者对机构的规章制度、标准和程序的执行情况进行监督，是机构有效工作的保证。作为规章制度、标准和程序的保护者，督导者有责任保证对这些规定的解释是一致的。如果每个社会工作者都有自己的标准、都用自己的方式解释机构的规章制度，势必在当事人之间、同事之间制造矛盾。当事人对规章制度的随意解释，实际上是对为这个当事人工作的另外一个社会工作者的歧视。这会鼓励社会工作者之间展开恶性竞争，尽可能多地使用机构的资源来满足自己的当事人的需要。

二、教育性督导的内容

社会服务机构的督导者对受督导者进行教育督导的主要内容如下：

（1）了解机构情况，包括机构的组织情况、行政管理情况，与其他机构的关系，以及它在当地社区服务网络中的地位、工作目标、可以提供的服务，机构内部的规章制度及其制订过程和修改程序，还有机构的法律地位和拥有的权力，等等。

（2）理解社会问题，包括社会问题产生的原因，社区对某些特殊社会问题的反应，所涉及的社会心理学的一些问题，对社区不同人群的影响，以及机构所提供的服务与该机构致力于解决的社会问题之间的关系。

（3）明确助人过程。助人可以有多种方式，如通过社会调查采集数据、获取信息，分析处理数据、进行诊断，实施干预，以及施加社会影响等。所有这些帮助的过程都是以获取信息和对信息的分析和理解为基础的。

（4）强化专业意识，包括培养有助于加强与当事人之间有效工作关系的态度、感觉和行为，纠正年龄歧视、种族歧视、性别歧视和刻板效应，建立起自决、保密和非评判的社会工作价值观。

（5）提高自我意识。建立自我意识是对自己进行反思，把自己作为研究、检查和关注的对象。教育性督导需要关注的是受督导者能否有目的和自主地进行专业反思、开展专业服务。要做到这一点，具有很强的自我意识是前提条件。

（6）建立文化敏感性。督导者要提升受督导者在多元文化环境中的实际工作能力，使之认识到文化可能是造成当事人问题的原因，而且若要干预产生最大效用，可能要考虑文化因素。这涉及帮助受督导者提高其对自身种族和性别的意识，使他们对自身的成见和偏见有更清楚的认识。

三、支持性督导的内容

如果说在行政性督导中督导者扮演着管理者的角色，在教育性督导中督导者扮演着教师的角色，那么，在支持性督导中，督导者则扮演着心理调适辅导员的角色。督导者负有帮助受督导者应对与工作相关的压力的责任。督导者的这一职能与行政性督导和教育性督导在终极目标上是一致的，都是使工作者并通过工作者使机构能够为服务对象提供最有效、最充分的服务。

支持性督导的主要工作内容为给予关怀、疏导情绪、发现成效、寻求满足，所包括的干预手段，旨在强化受督导者的自我防御以及增强其自我能力以应对工作的压力和紧张。督导者可以通过一系列具体的介入方法来帮助受督导者应对其在工作中所产生的压力和紧张以及最终形成的职业倦怠的危险。督导者可以采取如下行动：①将压力和紧张消弭于萌芽状态，做到防患于未然；②使工作者离开压力源；③降低压力的影响；④帮助工作者适应压力。通过重新整理和认知重建，督导者可以帮助受督导者矫正造成压力的自我陈述（self-statements）。

第三节　社会工作督导的形式

作为社会工作机构人力资源管理的传统方法，社会工作督导的形式经历了一个不断发展的过程，从最初的个别督导，逐渐发展出小组督导、同辈互动督导、个案咨询与部门整合督导等不同形式。本节主要介绍个别督导和小组督导这两种形式。

一、个别督导

个别督导是最为传统的督导方式,是一名督导者一对一、面对面地与受督导者开展会谈,进行讨论、交流。它兼有行政、教育和支持等多重功能,其中,教育功能是最重要的。个别督导适用于培养新入职或资历较浅的社会工作者。

与所有的面谈一样,个别督导也要有一定的形式、内容安排和角色区分。它应该在双方都合适的时间定期进行,还应该在私密的、不受干扰的、舒适的、有助于良好沟通的地点进行。督导者应按议程定期进行督导,恪守督导时间,以及保证会面不会受到频繁的干扰。个别督导过程由三个阶段构成:开始阶段,督导者筹划督导的整体安排,制定督导议程并做好准备工作;中间阶段,督导者以教授为导向,向社会工作者提供有益的反馈;结束阶段,在结束督导之前,要对下次的督导做出安排。

(一)开始阶段

其实,当受督导者与督导者为督导进行准备的时候,督导就已经开始了。受督导者要提交自己的部分工作记录——书面记录、音像记录、个案文件、工作日程、已经完成的报告以及工作计划。卡洛斯(Kalous)提出,在筹划督导时,督导者应该做好以下准备:①对受督导者的学习需求进行分析,并针对这些需求进行督导;②对涉及法律和道德的问题进行必要的准备;③通过抽查实际工作,监督和记录受督导者及其当事人的进展情况;④对受督导者的表现进行评估,征求他们的反馈意见。安排得当的督导工作对于社会服务工作的开展具有支持和促进作用。

(二)中间阶段

督导是让受督导者进行有指导的自我观察,系统地内省和反思所做的工作,提供了对工作"进行安静的思考"的机会。督导者帮助受督导者对过往经验进行梳理,使其具有意义。为此,督导者采用的方法有:①提问,要求受督导者把事情讲清楚;②支持、鼓励、指导、质疑和补充受督导者的想法。督导者提醒受督导者注意工作中犯的错误,指出他们失去的机会、明显的误解、差距,还有前后不一致的地方;督导者介绍新的观念,与受督导者分享相关的知识和经验,扩大受督导者的视野;督导者提出可供选择的方法让受督导者考虑。

有些重要的内容既不能用说教的方式也不能用讨论或实验的方式来教授,只能通过示范来展示。示范是督导者有目的地挑选和展示一些行为来达到教育目的的督导方式。富有想象力的示范不仅是观看督导者的角色扮演,还包括阅读面谈记录、看电影和录像带等渠道。所有这些方式,都能起到向受督导者演示社会工作者在与当事人接触时应该如何表现的作用。

督导者是除了当事人和受督导者以外唯一了解受督导者工作表现详情的人。不过,督导者是唯一得到授权并有义务给予受督导者反馈的人,而且在这方面负有明确的责任。有鉴于此,督导者往往是受督导者最主要的反馈者,而受督导者也渴望得到这样的反馈。反馈被接受的程度取决于信息的来源以及信息的性质。假如对于反馈的接受者来说，反馈者是可信的，而反馈者对于反馈的接受者又具有影响力，并且反馈者还被视为专业人士，那么这种反馈就更容易受到重视。因此，督导者常常采取一些措施，以增加其反馈的可接受性。如果督导者在进行反馈的时候能够遵循某些原则，那么反馈就会更为有效。

- 工作结束后要尽快给予反馈。这样做有助于提高受督导者为了改进工作而进行学习的积极性和兴趣。对值得称道的工作表现及时给予表扬，会使强化作用更为有力。
- 反馈要具体。要具体指出值得表扬或需要纠正的介入方法、行为或言辞。具体指出那些欠妥的提问，或那些令人感到突兀、模糊的过渡，总比那种诸如要求改善面询技巧的笼统反馈要好。
- 反馈要有客观性。要指出反映工作不足的具体行为。含糊笼统的措辞的可信度较低。
- 反馈应该是描述式的，而不是评价式的。
- 如果可能的话，应该多谈好的工作表现。
- 反馈应该将焦点集中在受督导者的行为上，而不是受督导者本人身上。
- 要以商榷的形式给予反馈，而不要不由分说地进行反馈。
- 要尽可能使反馈贴近希望受督导者学习的内容以及你认为他（她）需要学习的内容。
- 好的反馈是分享想法，而不是提供建议；是探寻选择，而不是给出答案。好的反馈集中讨论需要修正的行为，并给予具体的调整建议。
- 为了使反馈能够得到吸收，反馈要有所取舍。

（三）结束阶段

与会谈一样，督导是一项艰苦的工作。因此，在督导进行一个小时之后，其成效就逐渐降低了。在开始督导的时候，就要为结束督导预先做安排，以便在固定的时间内完成计划中的工作。接近尾声的时候，督导者应寻找适当的点结束督导。在这个点上，工作应该告一段落，互动的情绪也不要太过强烈。应该优先为受督导者安排机会，让他们提出并讨论那些他们最关心的问题。结束的时候要对督导进行总结，并对讨论的问题和讲授的内容进行归纳。一般而言，一次好的督导具有以下特点：

- 督导者和受督导者都要有所计划和准备。
- 要有达成共识的一致目标。
- 督导的中心内容是受督导者的临床工作。
- 要以受督导者对其工作表现严格的自我分析为主，辅之以督导者从旁献计献策和指导帮助。
- 要向受督导者提供旨在提高工作质量的清晰无误、切中问题的反馈。
- 督导要在有助于学习的氛围中进行。
- 遵循正确的学习原则与教育原则。
- 每一次督导既要自成一体，也要与下一次督导相衔接。

二、小组督导

简而言之,小组督导就是运用小组形式进行的督导,即一名督导者通过小组讨论的方式对数名受督导者的督导。小组督导针对每个受督导者在专业服务过程中遇到的困难,每次由小组中的1~2人提供书面或口头记录或讨论事项,小组成员在事先或当时了解相关信息后,寻找解决问题的办法。小组督导形式适用于督导者少、受督导者较多的机构。

小组督导中的小组是在机构行政体系的支持下,组建起来的一个拥有任务和日程安排的结构化的群体,建立的目的是实现特定的目标。机构从部门的督导者中指定一位做小组领导,小组成员就是特定的小组领导者兼小组督导者的受督导者。小组的大小取决于督导者负有行政责任的受督导者的数目(一般是四到五人)。被分配给督导者的受督导者很可能在教育和培训方面具有某些相似性,并且很可能涉及相似的问题和相似的服务。小组督导的直接目的不是受督导者的个人发展、解决个人问题或从群体活动与互动中获得满足感。小组督导的最终目标与所有督导一样,都是向机构的当事人提供更有效、更高效的服务。

(一) 小组督导的优势和劣势

与个别督导相比较,小组督导有如下优势和劣势。

1. 小组督导的优势

(1) 节省了行政方面的时间和精力。
(2) 小组会议可以使各种教授和学习方式得到高效的应用。
(3) 使受督导者有机会分享在工作中经历的相似问题以及可能的解决办法。
(4) 小组成员还可以成为彼此情感支持的来源。
(5) 有机会分担在工作中遇到的共同问题,这本身就对社会工作者个人的士气具有安抚和肯定的治疗作用。
(6) 使社会工作者有机会看到其他人的工作,并为他们提供了一个相互比较的平台。
(7) 提供最舒适的学习环境,社会工作者需要通过小组的互动来给予和获得某些东西。
(8) 提供个别受督导者挑战督导者在人数上所需要的安全感。
(9) 可以鼓励一个工作单位的人进行交流与互动,并有助于形成同伴群体的凝聚力。
(10) 为督导者提供在一种不同的关系形态中观察受督导者的机会。
(11) 有利于督导者职能的专门化。
(12) 使受督导者有机会更多地了解自己的督导者。
(13) 为受督导者提供以督导者为榜样来学习小组互动技术的机会。

(14) 为受督导者的成长提供一个循序渐进的过程。
(15) 提供一个接受多元文化教育的机会。

2. 小组督导的劣势

(1) 最主要的缺陷就是不容易针对某个社会工作者独特的工作任务需求"因人施教"。
(2) 小组自身也存在妨碍学习的障碍,如相互攀比和同伴间的竞争。
(3) 新社会工作者缺乏必要的经验和技术,无法与他人分享。
(4) 有的受督导者能安全地躲在众多小组成员之后,不用自己直接回应问题。
(5) 沟通失灵的风险要大大高于二人互动。
(6) 存在小组成员组织起来对抗督导者的危险。
(7) 小组的凝聚力会压抑小组成员的个性和创造力。

(二)小组督导的过程

物理环境方面的安排是影响小组活动的一个决定性因素,需要督导者在准备小组督导会时给予高度关注。根据小组的人数在一个大小适中的房间里把椅子围成圆圈,这种安排可能最为妥当。另外,没有噪声干扰小组活动以及进行小组活动时不受打扰,也应该是物理环境安排上需要考虑的内容。应该建立一个日程表,详细规定会议日期和时间,并原则上定期召开督导会。这个日程表能促使小组活动有连续性,并成为小组有明确安排的内容。督导者需要主持最初的几次会议,但在随后的活动中,可以由小组中的受督导者轮流承担召集与主持会议的责任,无疑会促进他们最大限度地参与并发展自主性。在通常情况下,小组会议的议程应该由小组成员自己预先计划好,否则,督导者就有责任来预先制订计划。

小组督导会的内容包括所有机构中的社会工作者都要关注的事项:做记录、面谈、转介程序、工作量管理、社会工作者与当事人的互动、咨询的运用、实际工作中的伦理问题等。小组督导会的内容可以围绕机构服务的群体,比如青少年、儿童、患有慢性病或末期疾病的病人、老年人等对相关知识的理解以及具体的工作方法与技巧;可以是机构在项目落地社区的相关问题,比如分析社区的问题、机构在社区中的资源以及本机构与其他机构或社区居委会的关系等;也可以是机构的行政工作,比如工作流程或文本资料的书写,个案相关表格填写以及总结报告或简报的撰写;还可以是沟通相关事项,比如一线社会工作者与机构行政部门或项目利益相关方的沟通等。

(三)督导者在小组会中的职责

在小组发展的初期,督导者需要明确尝试建立一些群体规范。这些规范如果被接受并得到执行,会有助于调控小组成员的行为。有效的小组督导所共有的规范大致包括以下几点:

• 允许小组成员自由地发言而不被打断。
• 仔细、认真地倾听其他人的发言。

- 对其他人的发言有所回应。
- 发言和回应都要与正在讨论的问题有合理的关联。小组成员的身份要求某种程度的去个人化，一些情况下需要把个人的喜好搁置以便保持群体的团结。
- 要分享那些可能会使专业工作更有成效的材料和经验。

参考文献

[1] 全国社会工作者职业水平考试教材编委会. 社会工作实务：中级[M]. 北京：中国社会出版社，2020.
[2] 全国社会工作者职业水平考试教材编委会. 社会工作综合能力：中级[M]. 北京：中国社会出版社，2020.
[3] 顾东辉. 社会工作概论[M]. 上海：复旦大学出版社，2008.
[4] 李迎生. 社会工作概论[M]. 北京：中国人民大学出版社，2004.
[5] 王思斌. 社会工作概论[M]. 北京：高等教育出版社，2006.
[6] 朱眉华. 社会工作实务：上[M]. 上海：上海社会科学院出版社，2003.
[7] 朱眉华，文军. 社会工作实务手册[M]. 北京：社会科学文献出版社，2006.
[8] 陈良瑾. 中国社会工作百科全书[M]. 北京：中国社会出版社，1994.
[9] 陈钟林. 社区工作方法与技巧[M]. 北京：机械工业出版社，2005.
[10] 陈钟林. 团体社会工作[M]. 北京：中国时代经济出版社，2002.
[11] 丁少华. 小组工作[M]. 北京：社会科学文献出版社，2003.
[12] 范克新，肖萍. 团体社会工作[M]. 北京：社会科学文献出版社，2001.
[13] 库少雄. 社会工作实务[M]. 北京：社会科学文献出版社，2002.
[14] 徐永祥. 社区工作[M]. 北京：高等教育出版社，2004.
[15] 翟进，张曙. 个案社会工作[M]. 北京：社会科学文献出版社，2001.
[16] 张乐天. 社会工作基础知识[M]. 上海：上海社会科学院出版社，2003.
[17] 张乐天. 社会工作概论[M]. 上海：华东理工大学出版社，1997.
[18] 张曙. 社会工作行政[M]. 北京：社会科学文献出版社，2002.
[19] 张雄. 个案社会工作[M]. 上海：华东理工大学出版社，1999.
[20] 许莉娅. 个案社会工作[M]. 2版. 北京：高等教育出版社，2013.
[21] 王佳. 小组社会工作理论与实务[M]. 上海：上海交通大学出版社，2019.
[22] 赵芳. 团体社会工作——理论·实务[M]. 北京：知识产权出版社，2005.
[23] 夏建中. 社区工作[M]. 2版. 北京：中国人民大学出版社，2009.
[24] 周沛. 社区社会工作[M]. 北京：社会科学文献出版社，2002.
[25] 夏学銮. 社区照顾的理论、政策和实践[M]. 北京：北京大学出版社，1996.
[26] 徐永祥. 社区发展论[M]. 上海：华东理工大学出版社，2000.
[27] 黄丽华. 团体社会工作[M]. 上海：华东理工大学出版社，2002.
[28] 马凤芝. 社会工作导论[M]. 北京：北京大学出版社，1999.

［29］项目臭皮匠. 项目百子柜：一本社工写给同行者的工具书［M］. 北京：中国社会出版社，2017.
［30］赵海林. 社会服务项目运作实务［M］. 北京：中国人民大学出版社，2018.
［31］马旭晨. 项目管理工具箱［M］. 北京：机械工业出版社，2011.
［32］甘华鸣. 项目管理［M］. 北京：中国国际广播出版社，2003.
［33］萧美娟，林国才，庄玉楷. NGO 市场营销、筹募与问责：理论与操作［M］. 北京：社会科学文献出版社，2005.

后 记

高级社会工作实务课程是全国社会工作专业学位研究生教育指导委员会《社会工作硕士专业学位研究生指导性培养方案》规定的专业必修课，是社会工作硕士必备的核心知识和能力。基于我校社会工作专业学位研究生培养高级应用型专业人才的目标定位，以全国专业学位研究生教育指导委员会制定的《专业学位研究生核心课程指南（一）（试行）》为指导，结合我校的教学实际，我们编写了这本教材。作为社会工作专业学位研究生的专业核心基础课教材，在编写过程中，我们着重注意了以下两点。

一是兼顾全面、突出重点。就目前情况而言，国内学者已经撰写、翻译出版了不少社会工作实务的教材，这些教材在体例和内容安排上具有各自的特点，但大多数教材的基本内涵还是比较一致的。高级社会工作实务课程的教学内容包含宏观和微观两部分，内容丰富、知识点众多。本教材参考了国内外多部优秀教材，对基本框架进行取舍和安排，一方面尽可能兼顾微观和宏观社会工作实务层面，另一方面又结合我校本专业人才培养目标突出教学重点，力求在相对有限的教学时间里为学生提供较为完整的社会工作实务框架。

二是叙述简明、注重基础。考虑到本教材的使用者为一年级的研究生，其中有相当一部分还是非社会工作专业背景生源，我们在语言风格和表达方式上力求叙述简明、通俗易懂，内容选择上注重基础，侧重于培养学生社会工作的基本素养，尤其是从事社会工作的实务能力，同时也注重与本科教学内容的有机衔接，避免简单重复。

希望通过上述两个方面的努力，使本教材具有全面性、简明性和实践性等特点，能够更好地满足人才培养的需要。

本教材由谭祖雪、邓拥军共同提出编写大纲，各章撰写人员分别是：谭祖雪负责第1章、第2章、第5章，邓拥军负责第3章、第4章、第6章、第7章。参与本教材编写的还有西南石油大学社会工作专业硕士研究生刘燃、王锡辉、向心、曹璐、向琼英、裴定坤、向启芳。谭祖雪负责全书的统稿工作，邓拥军负责校对工作并协助组织协调工作，研究生郑岭丽、罗晴、杨美妮、李佳虹、李沁阳参与了校稿工作。

在编写过程中，我们结合了自身从事社会工作实务教学、科研和社会服务实践的一些感悟，参考借鉴了王思斌、马凤芝、顾东辉、文军等一众专家学者对社会工作实务的启发性观点和独到见解，在此也对上述专家学者及其他同行表示诚挚的谢意！编者竭尽全力、反复推敲，但书中难免会存在一些缺陷，恳请广大读者及时指正，以便将来不断修订完善。

此外，本书的顺利出版，得到了西南石油大学一流学科建设办公室的支持，以及四川大学出版社、西南石油大学法学院、西南石油大学社会工作硕士教育中心等单位的大力支持，在此表示诚挚的谢意！

谭祖雪